わしづかみシリーズ

国際会計基準を学ぶ

〔第2版〕

田中　　弘
藤田晶子
戸田龍介
向伊知郎
篠原　　淳
田口聡志　著

税務経理協会

読者の皆さんへのメッセージ

■■ IFRS がやってくる

国際会計基準（IFRS）の時代だと言われます。

　企業の活動や投資家の投資行動が，自国の範囲にとどまらず，国境を越えてボーダレスになってきました。そうしたことから，企業の経営成績や財政状態を表示する財務諸表を作成するルール（会計基準）を統一して，どこの国の企業でも，同じ「ものさし」で業績や財務の状況を測定・表示しようというのです。

　大きな書店に行きますと，「国際会計基準」とか「IFRS」の解説本が山積みにされていて，どれを読んだらいいのか分からずに，いまだに「IFRSって何だ？」と感じている人も，何冊かの本を読んだけれども「IFRSの正体が分からない」という人も多いと思います。

　IFRSを理解するには，「IFRSの本質」，「IFRSの真の狙い」を知っておく必要があります。しかし，書店に並んでいる多数の解説書には，IFRSが何を狙っているのかまでは書いてありません。

■■ IFRSは「会社の身売り価格」を計算するもの

　実は，IFRSは，会社の「即時清算価値」，つまり，あなたの会社の「身売り価格」を計算するものです。逆に言いますと，どこかの会社を

1

買収するときの「買取価格」を計算するのです。

　要するに，機関投資家（ファンド）が，どこかの会社を買収して，その資産負債をバラバラに切り売りして処分した時の価値を計算するのです。この会社の今日の株価と企業の価値情報が分かれば，買収して処分した後にどれだけの資金が残るかを計算できるというのです。IFRSは，手っ取り早く荒稼ぎするための会計なのです。

　そうしたことを理解してIFRSを読めば，「IFRSの正体」も理解できますし，個々の基準が何を目的としているのかも分かります。

■■ IFRSは連結財務諸表のための基準

　ところで，IFRSは，連結財務諸表に適用するために開発された基準です。個別財務諸表（単体ともいいます）に適用することは想定されていません。なぜなら，世界の会計先進国では，一般に公表されるのは連結財務諸表だけだからです。単体の財務諸表は株主総会で株主に配布されますが，アニュアル・リポート（わが国の有価証券報告書に相当）には掲載されません。

　それが，わが国では，IFRSを個別財務諸表（単体）にも強制適用しようとしています。国際的には常識はずれなことをしようとしているといった批判もあります。

　本書を手にされた皆さんには，そうした「IFRSの真相」を理解していただいた上で，個々の基準を読んでいただきたいと思います。

　なお，本書の執筆者の１人が，IFRSに関して次の本を出しています。いずれもIFRSの生い立ちから現状，さらには近未来までも描いたもの

です。

　　田中　　弘『複眼思考の会計学─国際会計基準は誰のものか』税務経理
　　　　　協会，2011年。
　　田中　　弘『国際会計基準はどこへ行くのか─足踏みする米国，不協和
　　　　　音の欧州，先走る日本』時事通信社，2010年。

　本書が，読者の皆さんにとって，IFRSの良きガイドとなることを祈
念しています。

2011年3月

執筆者一同

第２版の出版によせて

　本書の初版は，2011年に出版されました。その頃は，今にも日本中の会社に
IFRSが強制適用されるかのような重苦しい雰囲気が支配的でしたが，それか
ら５年が経過しているにもかかわらずIFRSを自ら選択しようとする会社（任
意適用会社）は，全上場会社の３％程度です。

　今では，「IFRSを全上場会社に強制適用する」という話は99％消えてしまい
ました。ですから，皆さんの会社がIFRSに従った財務諸表を作成することは
ないかと思います。

　しかし，取引先や投資先の会社がヨーロッパの大企業であったり，IFRS採
用の日本の会社であったり，IFRSを無視できないことも多々あります。

　本書第２版は，この５年間の変動を反映して，最も新しいIFRSの内容を，
「ざっくり」と紹介するものです。読者の皆さんにとって最初のIFRSを概観
するよきガイドとなることを祈っています。

2016年３月

執筆者一同

本書で用いる「略語・用語」の解説

ASBJ（企業会計基準委員会：Accounting Standards Board Japan）（エイエスビージェイ）（日本）企業会計基準委員会。日本の会計基準を設定する民間機関。ここで設定される会計基準はそのままでは法的な強制力がないので，基準が設定されるごとに金融庁が法的強制力を付与している。

EU-IFRS　EUで採用されているIFRS。純粋なIFRSではなく，一部，カーブアウト（適用除外）されている。

FASB（米国財務会計基準審議会：Financial Accounting Standards Board）（エフエーエスビー，ファスビー，ファスブ）　アメリカの基準設定機関。証券取引委員会（SEC）に基準の設定を任せられている。会計士，経営者，資本市場の関係者が参加。ノーウォークに本部がある。

GAAP（一般に認められた会計原則：Generally Accepted Accounting Principles）（ジーエーエーピー，ギャップ）　一般に公正妥当と認められた会計原則。

IAS（国際会計基準：International Accounting Standards）（アイエーエス，イアス，アイアスなどと呼ばれている）　かつてIASCが作成した国際基準。多くは，現在のIFRSに吸収されたり，そのまま，IFRSと同等の国際基準として扱われている。

i

IASB（国際会計基準審議会：International Accounting Standard Board）（アイエーエスビー，アイアスビー）　国際会計基準委員会の後を継いで，現在，国際会計基準の作成を担当している民間機関。ロンドンに本部がある。

IASC（国際会計基準委員会：International Accounting Standards Committee）（アイエーエスシー，イアスク，アイアスク）　最初に国際会計基準を提案，作成。その後，組織変更で，IASBになる。

IFRS（国際財務報告基準：International Financial Reporting Standards）（アイエフアールエス，イファーズ，アイファーズ）　現在，これが国際会計基準。IASC時代のIASを含めて，IFRSと呼ばれる。

IOSCO（証券監督者国際機構：International Organization of Securities Commissions）（イオスコ）　各国の証券監督当局や証券取引所から構成される国際機関。公正・効率的・健全な証券取引の維持などを目的として国際的なルールを作成するなどの活動を行っている。日本からは，金融庁，証券取引等監視委員会，東京証券取引所などが参加。

JMIS（修正国際基準（国際会計基準と企業会計基準委員会による修正会計基準によって構成される会計基準）：Japan's Modified International Standards（JMIS）：Accounting Standards Comprising IFRSs and the ASBJ Modifications）　ASBJが公表した日本版IFRS。純粋IFRSと日本基準を「融合」したものと言われるが，これを採用しても，国際的には「IFRS採用企業」とはみなされないと言われている。

ii

SEC（米国証券取引委員会：Securities Exchange Commission）（エスイーシー，セック）　アメリカの証券監督行政機関。会計基準を設定する法的な権限を持つが，基準を開発する仕事をFASBに任せている。

US-GAAP（ユーエス・ギャップ）　アメリカの会計基準，会計慣行。本にすると，2万5,000頁になるといわれる。

アドプション（adoption）　自国の会計基準を捨てて，国際基準を全面的に採用すること。

カーブアウト（curve-out）　純粋国際基準の一部を適用しないこと。IASBは，カーブアウトした基準はIFRSとは認めていない。

企業会計基準委員会（ASBJ）　現在，わが国の会計基準を作成している民間機関。民間機関が基準を設定しても，その基準には法的拘束力がないので，この委員会が作成した基準を，金融庁が認知することで法的な拘束力が付与される。

原則主義（principle-based）　会計基準を設定する場合に，細かな規定をおかず，基本的なところだけを基準として，実際にこれを適用するときは，経営者と会計士の判断を重視する考え方。国際会計基準が採る考え方で，IFRSは，現在，2,500頁ほど。

コンバージェンス（convergence）　「収斂（しゅうれん）」と訳される。国際基準と各国の基準の大きな相違をなくすこと。

細則主義（rule-based）　会計基準を設定する場合に，できるだけ細かいところまでルール化するもの。日本もアメリカも，これまで細則

主義を採ってきた。そのためにアメリカの会計基準は，2万5,000頁になるという。日本の会計基準も4,500頁になる。

資産負債アプローチ（assets-liabilities approach）　企業の利益を，「期首の財産が期末までにどれだけ増加したか」という方式で計算する。財産法ともいう。

実質優先原則（substance over form）　英米の会計思考では，法の形式よりも経済的実質を重視する。例えば，リースは，所有権が移転しないので，法律上はリース資産・リース債務は認識されないが，経済的実質は資産の購入に該当するので貸借対照表に記載する。

収益費用アプローチ（revenue-expense approach）　企業の利益を，「収益（売上高）マイナス費用」という計算で計算する方式。損益法ともいう。会計が誕生してから今日まで，この計算方式が世界中で採用されてきた。

東京合意（Tokyo Agreement）　2007年，日本が国際会計基準とのコンバージェンスを11年6月までに行うことをIASBとの間で約束したもの。

ノーウォーク合意（Norwalk Agreement）　2002年に，IASB（国際会計基準審議会・ロンドン）と米国のFASBとの間で交わした合意。これからの国際基準は，IASBとFASB（ノーウォークに本部）とが相談して決めるというもの。

離脱規定（departure from standards）　法の規定や会計基準を字句通りに適用するだけでは適切な会計報告ができないと判断される場合，

その法や基準から離脱して，最適な方法を採用しなければならない
とする。英語圏では常識。国際会計基準にも規定がある。

Contents

読者の皆さんへのメッセージ

第2版の出版によせて

本書で用いる「略語・用語」の解説 ……………………………………… i

CHAPTER1　総論　国際会計基準の生い立ちと特質

1　国際会計基準の生い立ち ……………………………………… 2

2　国際会計基準の特質 …………………………………………… 11

3　日本とアメリカにおける最近の動向 ……………………… 25

4　JMISの公表 …………………………………………………… 32

5　「企業会計原則のスピリッツ」に戻る ……………………… 35

CHAPTER2　概念フレームワーク

1　概念フレームワークとは何か ……………………………… 38

2　一般目的財務報告の目的 …………………………………… 40

3　報告実体 ………………………………………………………… 44

4　有用な財務情報の質的特性 ………………………………… 44

5　基礎となる前提 ………………………………………………… 50

6　財務諸表の構成要素の定義 ………………………………… 50

7　財務諸表の構成要素の認識と測定 ………………………… 54

8　資本および資本維持の概念 ………………………………… 58

CHAPTER3 財務諸表（IAS1）

- **1** 財務諸表の表示に関する会計基準 ································· 62
- **2** 財務諸表の目的 ·· 62
- **3** 財務諸表の構成 ·· 63
- **4** 財務諸表作成に当たっての一般的事項 ····················· 64
- **5** 財政状態計算書 ·· 66
- **6** 包括利益計算書 ·· 67
- **7** キャッシュ・フロー計算書 ··· 69

CHAPTER4 収益認識（IFRS15）

- **1** 収益の定義 ·· 72
- **2** 収益の認識 ·· 73
- **3** 収益の測定 ·· 76
- **4** 契約コスト ·· 78
- **5** 取引ごとの検討 ·· 79

CHAPTER5 棚卸資産（IAS2）

- **1** 棚卸資産の定義とIAS2の適用範囲 ···························· 84
- **2** 棚卸資産の測定 ·· 85
- **3** 棚卸資産の原価 ·· 85
- **4** 棚卸資産の原価配分方法 ··· 87
- **5** 棚卸資産の正味実現可能価額 ·· 88
- **6** 棚卸資産に係る開示 ·· 89

CHAPTER6 有形固定資産（IAS16）

- **1** IAS16「有形固定資産」の理解のポイント ················· 92
- **2** 有形固定資産の定義と認識規準 ····································· 93
- **3** 有形固定資産の当初測定－取得原価の測定－ ············· 94

目　次 ◆

4 有形固定資産の認識後の測定
　　－原価モデルと再評価モデル－ …………………… 95

5 再評価モデル選択後の会計処理および開示 …………… 97

6 減価償却 ……………………………………………… 98

7 有形固定資産の認識の中止 ………………………… 100

CHAPTER7　無形資産（IAS38）

1 IAS38「無形資産」の理解のポイント ………………… 104

2 無形資産の定義－識別可能性を中心に－ …………… 105

3 無形資産の認識－２つの認識規準－ ………………… 107

4 無形資産の取得と当初測定 …………………………… 108

5 取得した無形資産の認識後の測定 …………………… 109

6 自己創設無形資産の認識と測定
　　－開発局面の支出を中心に－ ……………………… 110

7 無形資産の耐用年数 …………………………………… 113

8 無形資産の開示 ………………………………………… 115

CHAPTER8　投資不動産（IAS40）

1 投資不動産の定義 ……………………………………… 118

2 投資不動産の当初認識 ………………………………… 119

3 投資不動産の当初測定 ………………………………… 120

4 投資不動産の事後測定 ………………………………… 121

CHAPTER9　金融商品（IAS32，39，IFRS7，9）

1 金融商品の会計 ………………………………………… 126

2 当初認識および測定について ………………………… 126

3 認識の中止：いつオフバランスするのか …………… 128

4 事後測定(1)：金融資産の評価 ……………………… 129

3

5 事後測定(2)：金融負債の評価 ………………………… 131

CHAPTER10 のれん（IFRS3，IAS38）

1 IFRSにおける「のれん」の理解のポイント ………… 134
2 のれんの認識と測定 ………………………………… 135
3 のれんの配分－資金生成単位－ ………………… 136
4 のれんの非償却処理 ………………………………… 137
5 のれんの減損処理 …………………………………… 138
6 自己創設のれん ……………………………………… 139
7 のれんと無形資産の区別－識別可能性－ ………… 140

CHAPTER11 減損（IAS36）

1 減損とは何か ………………………………………… 144
2 減損処理のフロー・チャート ……………………… 145
3 減損の兆候の評価 …………………………………… 147
4 減損損失の会計処理 ………………………………… 149
5 減損損失の戻入れ …………………………………… 154

CHAPTER12 リース（IAS17）

1 リース会計の目的 …………………………………… 158
2 リース取引の定義 …………………………………… 158
3 ファイナンス・リースとオペレーティング・リース …… 159
4 ファイナンス・リースの判断指標 ………………… 160
5 借手のファイナンス・リースの会計処理 ………… 162
6 借手のオペレーティング・リースの会計処理 ………… 164
7 貸手のファイナンス・リースの会計処理 ………… 164
8 セール・アンド・リースバック取引 ……………… 165

目　次　◆

CHAPTER13　引当金, 偶発負債および偶発資産（IAS37）

1　IAS37における「引当金」の理解のポイント ………… 168
2　引当金の定義 ……………………………………………… 169
3　引当金の認識－法的債務と推定的債務－ …………… 170
4　引当金の測定－経営者による最善の見積り－ ………… 172
5　不利な契約による引当金 ………………………………… 173
6　リストラクチャリング引当金 …………………………… 175
7　偶発負債－引当金との違いを中心に－ ………………… 177
8　偶発資産 …………………………………………………… 178
9　引当金, 偶発負債および偶発資産の開示 ……………… 180

CHAPTER14　企業結合（IAS3）

1　企業結合の定義 …………………………………………… 182
2　企業結合の適用範囲 ……………………………………… 182
3　企業結合の会計処理 ……………………………………… 183
4　企業結合におけるのれん ………………………………… 189
5　のれんの償却 ……………………………………………… 190

CHAPTER15　連結と持分法（IFRS10）

1　連結財務諸表とは何か …………………………………… 194
2　連結財務諸表と会計主体 ………………………………… 196
3　連結の範囲と支配概念 …………………………………… 198
4　連結財務諸表の作成 ……………………………………… 201
5　子会社に対する所有持分の変動 ………………………… 204
6　関連会社とジョイント・ベンチャーの会計処理 ……… 205

5

CHAPTER16 外貨換算（IAS21）

1 外貨換算会計とは何か ……………………………… 210

2 外貨建取引と機能通貨概念 ………………………… 211

3 外貨建取引の機能通貨での報告 …………………… 213

4 機能通貨以外の表示通貨の使用 …………………… 216

CHAPTER17 セグメント報告（IFRS8）

1 セグメント情報とは何か …………………………… 220

2 マネジメント・アプローチの採用 ………………… 221

3 セグメント情報の開示基準 ………………………… 224

CHAPTER18 退職給付（IAS19）

1 退職給付の定義 ……………………………………… 232

2 確定拠出制度 ………………………………………… 233

3 確定給付制度 ………………………………………… 233

4 確定給付制度の会計処理 …………………………… 234

5 過去勤務費用および清算損益 ……………………… 235

6 保険数理上の仮定 …………………………………… 237

7 財務諸表上の開示イメージ ………………………… 237

8 改訂IAS19における改善のポイント ……………… 238

9 日本基準との比較 …………………………………… 239

CHAPTER19 国庫補助金（政府補助金）（IAS20）

1 国庫補助金の定義 …………………………………… 242

2 政府援助の定義 ……………………………………… 242

3 国庫補助金の認識 …………………………………… 243

4 補助金の種類と取扱い ……………………………… 243

5 非貨幣性資産による国庫補助金 …………………… 244

目　次 ◆

6	国庫補助金の表示	……………………………………	245
7	国庫補助金の返還	……………………………………	245
8	国庫補助金の開示項目	………………………………	246

CHAPTER20　株式報酬（IFRS2）

1	インセンティブ設計と株式報酬取引	…………………	248
2	IFRS2における株式報酬取引の範囲	…………………	248
3	持分決済型株式報酬取引の会計処理	…………………	249

CHAPTER21　法人所得税（IAS12）

1	法人所得税の種類	………………………………………	254
2	繰延税金負債の認識	……………………………………	254
3	繰延税金資産の認識	……………………………………	255
4	損益に認識される項目	…………………………………	256
5	表　　示	…………………………………………………	257

7

CHAPTER 1

総論
国際会計基準の生い立ちと特質

1　国際会計基準の生い立ち

2　国際会計基準の特質

3　日本とアメリカにおける最近の動向

4　JMISの公表

5　「企業会計原則のスピリッツ」に戻る

1 国際会計基準の生い立ち

▷会計の原点と会計基準の必要性

主要な経済先進国には，それぞれの国の経済環境や法律・歴史・国民の経済感覚などに合った独自の会計基準があります。アメリカにはアメリカ独自の会計基準（US-GAAP，ユーエス・ギャップと発音します）があり，フランスにはフランス会計基準，ドイツにはドイツ会計基準が発達しました。日本にも，日本の経済環境や国民の経済感覚に合った日本会計基準があります。

ところが最近では，世界中の国々で使う会計基準を1つに集約して国際会計基準にしようとする動きが活発になってきました。各国に独自の会計基準がありながら，なぜ，世界の会計基準を1つにするのでしょうか。この疑問に答える前に，なぜ，各国で会計規制と会計基準が必要なのかを書くことにします。

規模の大きい会社の経営者は，多数の，経営に直接関与しない投資家（株主，債権者など。経営に直接に関与しないことから「不在投資家」と呼ばれます）から資金を集め，それを元手として事業を行っています。経営者は，投資家から預託された資金を，どのように活用し，それからどれだけの成果を上げ，また，預託された資金が現在どのような形で会社に残っているかを，資金提供者である投資家に継続的に報告するのです。これを「ディスクロージャー（企業内容の開示）」といいます。

難しい話ではありません。子供のころに母親に頼まれて買い物をしたことがあると思います。買い物をした後母親に「トウフがいくらでダイコンがいくらで，だからおつりはいくらだった」と買い物の一部始終を報告したと思います。これが「会計の原点」で，他人のお金を預かって，

何にいくら使って，現在いくら残っているかを説明することです。

　資金を預けた投資家にとって，利益の計算や期末財産の計算は一番重要な話です。その一番重要な計算を，普段の付き合いもない，あるいは遠く離れたところにいる経営者にまかせっきりにするわけにはいかないので，経営者と投資家との間で計算や報告のルールを決めておく必要があります。そのルールは現在の投資家が納得するだけではなく，将来その会社に投資する人たちも納得するものでなければならないでしょう。

　そうした事情から多くの国では，企業の決算や会計報告に関する規制（ルール）を法律に書いているのです。わが国でいえば，代表例が**会社法**です。上場しているような大規模会社の場合には，さらに**金融商品取引法**（金商法）という法律があります。

▷コモンロー世界の会計基準

　ところが，わが国だけではなく英米などのコモンロー諸国では，こうした法律にはあまり詳細な会計規制は書かれないのが通例です。法律には規制の骨子なり趣旨を書くにとどめ，実際に企業の決算や会計報告をする場合には，「**会計基準**」と呼ばれるルールを定めるのです。

　なぜ詳細なルールを法律に書かないのでしょうか。一般に言われていることは，法に書くと規制が硬直化して迅速な対応が難しいということと，あまり細かなことまで法に盛り込むと法が膨大なものになるので法をスリムにするためだといいます。

　そこでは法に書かれるルールも会計基準に書かれるルールも，同じ役割を果たすことが期待されているのです。わが国の会計基準である「**企業会計原則**」には，「企業会計原則は，……必ずしも法令によって強制

されないでも，すべての企業がその会計を処理するに当って従わなければならない基準である」と書いてあります。会計基準（昔は会計原則と呼んでいました）は，法律と同じように守らなければならないルールと考えられているのです。

　会計基準は法令ではありません。しかし，企業が会計処理するに当たってはこれに従わなければならないというのです。大陸法の法思考に慣れ親しんだ日本人には違和感のある話かもしれません。

▷なぜ世界中の会計基準を統一するのか

　会計の世界が大きく変わり始めたのは2000年ころからです。それまで会計制度・会計基準といえば，各国がその国独自の経済状況や企業環境，法律，証券市場の状況，税制などを反映して，独自の会計制度を作り，独自の会計基準を設定してきました。

　会計先進国といわれるアメリカ・イギリス・日本では，直接金融を前提とした「**投資家のための会計**」「**資金調達と資金運用結果を報告するための会計**」が行われ，ドイツやフランスでは，経営者のための会計や国家のための会計（広い意味での「管理のための会計」）が行われてきました。

　ところが大規模企業の活動やその血液ともいうべき資金は，国という枠を超えて，世界を１つの市場経済・資本市場として活発に動くようになり，会計もこれまでのような国ごとに違う制度・基準では新しい動向に対応できないと考えられてきたのです。

　投資家は，これまでは主として自国の企業に投資（株や社債を購入）してきましたが，世界を見渡せば，他の国や地域には，より投資効率がよ

Chapter 1　総論　国際会計基準の生い立ちと特質

いと考えられる企業や自分のポートフォリオに合う企業がありそうです。そうなれば，投資家は自国の企業にこだわらず，他国の企業などに投資する機会をもちたいと考えるでしょう。

　そうした投資家にとって大きな障害は，投資したいと考える企業が，それぞれその国の会計基準に従って**財務諸表**（会計報告書）を作成しているために，簡単には比較できないということです。ある国の法律や会計基準に従って作成した財務諸表が，別の国の法律や会計基準に従って作成した財務諸表と大きく異なるとすれば，投資家は多大な努力なしには正しく比較することができないでしょう。

　例えば，Aという国の会計基準では企業がその年に支出した研究開発費を資産に計上することが認められ（多くの企業も資産計上している），Bという国の会計基準では研究開発費はすべてその年の費用とすることになっているとします。あるいは，Cという国の会計基準では買い入れのれんを毎期規則的に償却することとしているのに対して，Dという国の会計基準ではのれんを償却しない（のれんに減損が生じない限り減額しない），さらにEという国の会計基準ではのれんは即時に償却（資産計上を認めない）ということになっているとしましょう。

　こうした場合に，投資家が，A国の企業が作成する財務諸表とB国の企業が作成する財務諸表を単純に比較すると，誤解してしまう恐れがあります。C国の企業とD国の企業の比較でも同じです。

　違う会計基準を適用して作成した財務諸表を単純に比較すると，研究開発費を資産に計上（その年の資産が増えて，費用が少なくなるために，利益は増える）する企業と，研究開発費を即時に費用化する企業（費用が大きくなり利益は小さくなる）を比べることになり，投資家は誤解してしま

5

うでしょう。

　会計基準が違うために生じるこうした問題を**比較障害**といいます。そのまま単純に比較すると誤解を招く恐れがあることをいいます。

　のれんの償却・非償却という会計基準の違いも比較障害になります。最近の企業買収は大型のものが多く，そこで計上される「買い入れのれん」も巨額になっています。そののれんの額を資産に計上して償却しない企業と，計上することを認めて規則的に償却することにしている企業と，まったく資産に計上せずにその期の費用とする企業では，バランス・シートに与える影響も損益に与える影響も大きく異なることになるでしょう。

　会計基準を国際的に統一しようという考えは，こうした国による会計基準の違いをなくして，どこの国の企業同士でも，財務諸表を容易に比較できるようにしようとするものです。

▷**国際会計基準の誕生**
　世界の会計基準を統一して，各国で作成する財務諸表が比較可能なものにしようという発想から，最初は「世界標準としての会計基準」が提案されました。「**国際会計基準**（International Accounting Standards：IAS）」という名称でしたが，この段階ではいまだ理念的で，世界の経済界や会計界では，どちらかといえば「エスペラント語」といった扱いでした。

　その後，各国の会計基準を調和化しようとして「**会計基準のハーモナイゼーション**（調和化）」が模索され，最近ではそれをいっそう推し進めるための企画として国際的会計基準と各国基準のデコボコを均すための

Chapter 1　総論　国際会計基準の生い立ちと特質

「**コンバージェンス**（収斂）」が推進されてきました。

　現在は，欧州を中心にして（特に，EU各国が使う共通の会計基準として）開発されてきた「**国際会計基準**（International Financial Reporting Standards：IFRS)」と各国の会計基準とのコンバージェンスから，各国がIFRSを自国の基準として採用する「**アドプション**（自国の企業への強制適用)」の段階に入ってきたといえます。

　IFRSは，正しく日本語表記しますと「**国際財務報告基準**」ですが，これまで通り「国際会計基準」と呼ばれることが多いようです。なお，IFRSには，IASCが設定した会計基準（IAS）のうち現在も有効な基準も含まれています。そのため，「IFRS」と表示したり，「IFRS・IAS」と表示したりしますが，意味するところは同じです。

　EUが域内（EUを構成する27カ国）の企業（上場企業）が作成する連結財務諸表に適用する会計基準としてIFRSを採用したのは，表向きは「EU市場で使う統一的会計基準」ということでありましたが，実利の面では，ソビエト連邦が崩壊した後のアメリカによる欧州侵略に対抗する手段として，アメリカ企業の利益だけを追求する会計基準ではなく，欧州の経済的，政治的利益を護るための独自の基準を作ろうとするものでありました。

　現在，世界の110を超える国・地域がIFRSを，何らかの形で自国企業に適用しているといわれています。適用の内容は国により異なり，オーストラリア・香港などのようにIFRSに書いてあるそのままに適用していると公言している国もあれば，EU諸国のように，IFRSの一部を除外して（これを「カーブアウト」という）強制適用している国・地区もあります。

7

▷国際会計基準の歴史と目的

少し歴史を振り返ってみましょう。国際会計基準（IFRS）を設定しているのは国際会計基準審議会（IASB）です。IASBの前身である国際会計基準委員会（International Accounting Standards Committee：IASC）は，会計基準の国際的ハーモナイゼーション（調和）を目的として1973年に発足しました。

当時の国際会計基準（IAS）は，すでに紹介しましたように「理念・理想は高くても実務的ではない」「エスペラント語だ」として実務界からはほとんど見向きもされませんでした。

転機が訪れたのが1988年です。証券監督当局の国際機構である**証券監督者国際機構**（International Organization of Securities Commissions：IOSCO）が「一定の会計基準が完成すれば，国際的に資金調達する企業の財務諸表作成基準としてIASを認知する」と意思表明したのです。これが実現すれば「エスペラント語」扱いを受けてきた国際会計基準が「実用基準」になるのです。

「一定の基準（コア・スタンダード）」で問題になったのが「時価会計基準」でした。時価会計の基準はアメリカ以外にはなく，各国の環境や考え方が異なり，一向にまとまりませんでした。そこで各国の合意が得られないまま，IASCの事務総長であったカーズバーグが起草委員会のメンバーを総入れ替えしたり，一時議論凍結などを繰り返したあげく，「どこの国も使わないという暗黙の了解」の下にアメリカの時価基準をコピーすることを提案し，何とか形だけはコア・スタンダードを完成させたのです。

2000年5月，IOSCOはIASを「外国会社が国際的に資金調達する場

Chapter 1 総論 国際会計基準の生い立ちと特質

合に使用する財務諸表作成基準」として承認しました。一応の完成をみた国際会計基準（IAS）はこうして「エスペラント語」扱いから実用段階に入ったのです。

それまで，ヨーロッパを中心に会計基準の統一を図ってきた国際会計基準委員会（IASC）も組織変更して国際会計基準審議会（IASB）となり，設定する基準の名称も「国際会計基準（IAS）」からイギリスの会計基準の名称「財務報告基準（FRS）」に「国際」をつけて「国際財務報告基準（IFRS）」と変更しました。IASBは，ヨーロッパの統一基準だけではなく，より広く世界的な会計基準を設定するために，各国の基準との間にある大きな差異を解消する（コンバージェンス）ことを目的として積極的に活動を始めたのです。

▷ノーウォーク合意（Norwalk Agreement）

国際会計基準と自国会計基準のコンバージェンスで難航したのは，日本とアメリカでした。日本もアメリカも大きな資本市場と独自の会計制度・会計基準をもっています。世界の会計基準を1つにまとめるのは，IFRSと日本の会計基準，IFRSとアメリカの会計基準の違いを少しずつ均す作業（コンバージェンス）が，日本とIASB，アメリカとIASBの間で進める必要が出てきたのです。

そうした中，2002年10月に，IASBはFASBとの間で「ノーウォーク合意」を結びました。ノーウォーク合意とは，「最も発達した資本市場であるアメリカで採用されているUS-GAAPと欧州をはじめとして世界的に採用が拡大している国際会計基準（IFRS・IAS）とをベースにして，高品質な国際的に認知された会計基準を両者の会計基準の実質的なコンバージェンス（収斂）という形で達成しよう」というものでした。

9

簡単に言えば，これからの国際会計基準は，ロンドン（IASBの本部がある）とFASB（コネチカット州ノーウォークに本部がある）で相談して決める，というものです。要は，これからの国際会計基準はイギリス（IASB）とアメリカ（FASB）が相談して決めるというのです。

　なぜ，欧州のドイツ・フランスやオーストラリア，日本，韓国などを排除するのでしょうか，IASBの山田辰己前理事は，次のように説明しています。「FASB以外の会計基準設定主体を加えて，IASB，FASB及びその他の会計基準設定主体という3者による世界基準の作成というモデルも考えられないことはないが，意見の食い違いの調整を3者間で行うことの困難さを考え，IASBとFASBの2者間のみで議論を行うこととしている」と（山田辰己「IASBのコンバージェンスに向けた活動について」『税経通信』2007年11月号）。

　これほど世界を馬鹿にした話はないのではないでしょうか。2人（2機関）が相談すれば結論が出せるが，3人（3機関）以上になると意見が食い違い纏まりがつかないからだというのです。国際的には「纏まらない」と分かっている話を，IASBとFASBで纏めるのです。2人で話し合って決めたから，各国はそれに従えというのです。

　今まではドイツもフランスも「アメリカへの対抗力」としてIASB・IFRSを支持してきました。しかし，アメリカの束縛から離れてヨーロッパの企業に適用することを意図して設定されてきた国際会計基準が大幅にアメリカ色に染められるのをみて，EU各国から不満や批判の声が上がってきているのです。

▷東京合意（Tokyo Agreement）
　日本は，2007年にIFRSを設定している**国際会計基準審議会**（Interna-

Chapter 1　総論　国際会計基準の生い立ちと特質

tional Accounting Standards Board：IASB）と結んだ「東京合意」により，目下，日本基準とIFRSとの相違を解消するコンバージェンスを進めているところです。

　アメリカが「IFRSを自国企業に強制適用する」と決めたなら，わが国は同じことを決めるしかないでしょう。アメリカも含めた世界の国々がIFRSを自国企業に適用すると決めたならば，日本には同じことを決めるしか選択肢はないようです。

　ところが，アメリカは，そう簡単には「IFRSを採用する」とは言わないのです。むしろ，現在のIFRSをアメリカ色に染め切る（アメリカ企業に有利なように変える）ことに腐心し，それができないならばIFRSを採用しない…といった姿勢をちらつかせています。世界の会計基準は，各国の利害や思惑がからんでいるので，そうは簡単に統一することはできないのです。

　日本とアメリカの最近の動向については後で紹介します。

2　国際会計基準の特質

　国際会計基準（IFRS）には，次のようないくつかの特質があります。多くは，これまで世界が共有してきた会計観（収益費用アプローチと原価・実現主義をベースとした会計）から大きくかけ離れているものです。

(1)　「清算価値会計」を志向していること
(2)　実現主義を否定して「発生主義的な会計処理」を求めていること
(3)　**資産・負債を時価**（公正価値─経営者が合理的と考える価値でもよい）で評価し，評価差益を利益として報告すること

11

(4) 収益力情報よりも「**企業売買に必要な処分価値情報**」を重視していること

(5) 「投下資本の回収計算」とか「処分可能利益の計算」「キャッシュ・フローの裏付けのある利益」といった**実現概念に立脚した思考はない**こと

(6) 細かな規定を設けない「**原則主義**」に立脚すること

(7) 法の形式よりも経済的実質を重視する「**実質優先主義**」を採用し，それを実行するために「**離脱規定**」を置いていること

(8) **連結財務諸表にだけ適用**することを予定した基準であること（個別財務諸表への適用を想定していない）

(9) **M&Aを仕掛けようとする企業やファンドを「投資家」とみて**，彼らが欲しがる情報を「会計情報」として提供しようとしていること

　こうしたIFRSの特質は，日本の会計界にとって「黒船」に近いものですが，実は，世界中の国々にとっても「黒船」なのです。IASBはどこの国も経験したことがない会計（IFRS）を，実験も実証もなしで強行しようとしているのです。一度も飛ばしたことがない飛行機を「テストなし」で「満席の乗客を乗せて」飛ばすようなものです。

　そういう意味では，IFRSは世界の会計界・産業界を相手にした「壮大な実験」を試みようとしているのかもしれません。しかし，この実験が失敗に終わっても，実験主体が民間のIASBですから，実質的には誰も法的な責任や政治・経済的な責任を問われないでしょう。IASB・IFRSには公的・法的な権限もありませんが，それだけに公的・法的な責務もないようです。

　以下では，上に紹介したIFRSの特質を，もう少し詳しく紹介したいと思います。

12

Chapter 1　総論　国際会計基準の生い立ちと特質

▷会計の専売特許

　現代の経済社会において「会計」にしかできないことがあります。それは**「企業のトータルな利益を期間的に区切って計算すること」**です。中世に発明された複式簿記が世界中で使われるようになったのは，複雑になった企業活動の成果をシステマティックに計算する技術が他にないからでした。

　企業の利益を断片的に計算する方法はいろいろあります。例えば，固定資産（土地や建物）を売買して得た利益を計算するとか，お金を貸して受け取る利息を計算することなどは，それほど難しいことではありません。複式簿記などという面倒なシステムを使わなくても計算できます。

　しかし，現代の大規模企業のように，世界中に工場やら多数の機械を持ち，世界中から集めた大量の原材料を使って１年中休みなく複雑な製品を生産している場合には，利益を断片的に計算して合計しても企業活動全体の利益を計算したことにはならないのです。

　特に，製造業では，何年も何十年にもわたって永続的に事業が営まれるために，利益を断片的に計算することさえ不可能です。そこで，企業全体の利益を，期間を区切って計算する統合的な計算システムが必要になるのです。そのシステムとして考案されたのが**複式簿記**であり，それをベースとした**会計**です。現在のところ，「企業のトータルな利益を期間的に区切って計算する」という仕事は，会計以外にうまくできる仕組みはありません。**「企業利益を期間に区切って計算するシステム」**は**「会計の専売特許」**といえると思います。

▷財産計算機能

　ところが最近は，会計の仕事として，「利益の計算」に加えて，ある

13

いは，利益の計算以上に，「**財産を計算する機能**」や「**投資の意思決定に必要な情報を提供する機能**」を重視する傾向が強くなってきました。特にアメリカにおいてそうした傾向が顕著です。アメリカで財産計算や投資情報が重視されるようになった背景には，**M&A**（企業の買収や合併）の流行や**四半期報告**があるようです。

　かつては他企業の買収（取得）といえば，自社にない製品や製法を持っているとか大きな市場を持っている企業をターゲットにしました。それが今では，バランス・シートに表れない資産，例えば有力なブランド，大きな含みのある土地などを保有する企業を買収して，買収後に資産を切り売りして売却益を稼ぐような荒っぽい商法にとってかわっているのです。

　一部の投資家は，そうした荒っぽいビジネスをするために必要な会計データを欲しがっており，国際会計基準はそうした情報ニーズに応えようとして企業が持っている財産（資産と負債）の現在価値（**即時清算価値，即時処分価値**）を計算・表示しようとするようになってきました。

▷3カ月ごとのグッド・ニュース
　国際会計基準が，企業の所有する資産・負債の現在価値を重視するのは，上で述べたような一部の投資家の情報ニーズだけではありません。

　アメリカでは3カ月ごとに経営成果を計算・報告してきました。「四半期報告」です（日本でも最近，上場会社には3カ月ごとの四半期報告が求められるようになりました）。

　アメリカでは四半期情報に株価が敏感に反応します。前の四半期（例えば1月から3月まで）の利益よりも当期（4月から3カ月）が良ければ株

Chapter 1 総論 国際会計基準の生い立ちと特質

価は上昇しますし，前年同期（例えば，2012年の1月－3月期）よりも当年度同期（2013年1月－3月）の方の利益が大きければ，その情報に株価は敏感に反応します。

　そのためにアメリカの経営者は，四半期ごとに何らかのグッド・ニュースかサプライズを株式市場に流さなければならない，と考えるのです。アメリカの経営者の報酬が，株価の上昇と利益の増加とともに増えるシステム（ストック・オプションを使った報酬制度）と成功報酬制度（一定以上の利益を稼いだら報酬が増額される）になっているのも大きな要因です。

　アメリカでは，投資家も，株価の変動と四半期ごとの利益を見て株を売ったり買ったりします。わずか四半期（3カ月）かそこらでは本業の利益が大きく変動することはないし，いつもいつも四半期ごとに「前年同期よりも増益」「前四半期よりも増収」といったグッド・ニュースを報告できるわけはありません。

　アメリカ企業が盛んにM＆Aを繰り返すのは，簡単に利益をひねり出せるからです（時価を使って評価益を利益として計上する「時価会計」はもっと簡単に利益を作ることができます）。

　今のアメリカ企業にとって，他企業を買収するには**収益力情報**（その企業が毎期どれだけの収益を上げてきたか）は要らないのです。どうせ買収した後は資産をバラバラにして切り売りするのです。欲しい情報は，**資産の売却価値**であり**負債の清算価値**です。アメリカでキャッシュ・フロー計算書が重視されるのも，キャッシュという，極めて流動性の高い資産の動きが企業財産の価値（清算価値）を知る有力な手掛かりになるとみられているからであろうと思われます。

15

こうした事情から，アメリカでは**損益計算書**（収益力）**よりも貸借対照表**（財産価値）**を重視**するようになってきました。その傾向は，国際会計基準にストレートに反映されているのです。

▷ IFRS の清算価値会計

国際会計基準が目指している世界は，企業の資産・負債をバラバラに切り離して処分したときの価値，「**即時処分価値**」あるいは「**清算価値**」の計算・表示です。そこでは，本業のもうけを示す営業利益も今年のもうけを示す当期純利益も「邪魔もの」でしかないようです。一度減損処理して出した**減損損失**も資産を取り巻く状況が変われば「**戻し入れ**」（過年度に計上した損失を取り消して利益に戻し入れること）を行うのも，資産の処分価値が上昇したのであるから当然の処理ということになるでしょう。

「**買い入れのれん**」**を減価償却しない**のも，研究開発費のうち**開発段階の支出**（日本もアメリカも即時償却）**を資産計上**（無形資産）**させる**のも，企業が保有する資産の処分価値を表示させたいからです。

国際会計基準が目指すのはそうした企業資産・負債の「処分価値会計」であり「清算価値会計」です。営業利益とか当期純利益といった「収益力情報」や，付加価値のような企業の「社会的貢献度を示す情報」は，現在という「瞬間風速的な企業価値」を測定するには不要な，「ノイズ」となる情報だということになります。

▷ IASB が想定する「投資家」

負債の時価評価には一般の経済感覚からはまったく説明のつかない現象（「**負債時価評価のパラドックス**」という）があることはよく知られていますが，国際会計基準が目指す清算価値会計では，企業が抱える負債の

Chapter 1　総論　国際会計基準の生い立ちと特質

決済価額（いくらで負債を返済できるか）でバランス・シートに乗せることが重要なのです。

　要するに，国際会計基準の世界では「負債時価評価のパラドックス」は存在しないのです。

　国際会計基準審議会（IASB）は，将来的には流動資産も固定資産（土地も工場も機械も）も，負債もすべて時価で評価する「**全面時価会計**」に移行することをゴールとしているようです。国際会計基準が「**公正価値（フェア・バリュー）**」を重視しているとか「**公正価値会計**」を目指しているようにいわれますが，そこでいう「**公正価値**」は「即時処分価値」であり「即時清算価値」に他ならないのです。

▷「物づくり」の利益より「評価益」を重視
　これまでの世界の会計は，製造業や流通サービス業を想定して，その年の売上高（収益）からその年に使った費用を差し引いて，残りがあれば利益とする会計方式でした。企業の努力（使った費用で測定される）とその成果（収益の額で測定される）が「**当期純利益**」として報告されるのです。

　この方式は，年間を通して安定的な事業を営み，中長期にわたって継続的な経営を続ける企業，例えば，「物づくり」の国である日本や欧州・アジアの諸国の会計として最もふさわしいものです。世界中の国々では，少なくとも，ここ70年間（アメリカが大恐慌を経験した1920年代以降，ごく最近まで）は，この会計方式（最近では「**収益・費用アプローチ**」と呼ばれる）を採用してきました。

　ところが，世界の最強国であるアメリカが，「物づくり」の国から脱

17

落してしまったのです。20年ほど前までは，アメリカの企業が稼ぐ利益の半分は製造業でしたが，今では，それが3割にまで落ち込んでしまっているといいます。製造業の衰退は，アメリカの自動車産業を見ればよく分かります。

皆さんの自宅（あるいは会社）にアメリカ製のものはありますか。乗用車やトラックはどうですか。冷蔵庫・掃除機・時計・化粧品・筆記具・ゴルフやテニス用品…20年か30年ほど前までは，アメリカの製品はどれもこれも光り輝いていて，それらを手にすることは日本人の夢でした。

それが，今では，メードインUSAを売っている店を探してもなかなか見つからないほど，アメリカ製品は人気がなくなりました。アメリカ製といえば「バカでかい」「アフターサービスが悪い」「値打ちにくらべて売値が高い」「製品が荒っぽい」…といった声が支配的です。

そうした事情を反映したのか，今では，アメリカの企業は軸足を「物づくり」から「金融」に移し，全企業の利益の3割強を金融業が稼いでいるといいます。

▷**キャッシュ・フローの裏付けのない評価益**

金融業は手数料ビジネスですから，物づくりと違って，収益（売上高）から費用を支払って，残りが出れば利益という計算ではほとんど利益が出ません。アメリカでは四半期報告ですから，3カ月ごとにグッド・ニュースを流さなければ高株価経営が続けられない。その結果，目を付けたのが時価を使った「評価益」でした。時価をうまく使えば，四半期でも半期でも，思い通りに利益をひねり出すことができるのです。汗水流して，智恵の限りを尽くして，日に夜を注いで「物づくり」に悪

戦苦闘せずとも，デリバティブなどを駆使して，コンピューター上の数字をちょっと変えるだけで巨万の富が転がり込んでくるのです。

　ただ，そうして計上した**評価益は，キャッシュ・フローに裏付けられていない**という時限爆弾を抱えており，それが爆発したのが，今回の金融危機（リーマン・ショック）でした。

▷ IFRSは連結のための会計基準

　2009（平成21）年6月に金融庁企業会計審議会から公表された「我が国における国際会計基準の取扱いについて」と題する中間報告では，IFRSを個別財務諸表と連結財務諸表の両方に適用するための準備を整えるのは時間がかかるので，IFRSを連結に適用するための準備を先に進め，その後，個別財務諸表にも適用するという「**連結先行**」論が打ち出されました。

　　「今後のコンバージェンスを確実にするための実務上の工夫として，
　　連結財務諸表と個別財務諸表の関係を少し緩め，連結財務諸表に係る
　　会計基準については，情報提供機能の強化及び国際的な比較可能性の
　　向上の観点から，我が国固有の商慣行や伝統的な会計実務に関連の深
　　い個別財務諸表に先行して機動的に改訂する考え方（いわゆる「連結先
　　行」の考え方）で対応していくことが考えられる。」

　ところが，IFRSは，そもそも連結財務諸表に適用することを想定したものであり，個々の企業の決算書（個別財務諸表）に適用することは想定していません。

　世界に先駆けてIFRSの強制適用を始めたEUもIFRSは連結にしか適用していません。もともと多くの先進国では，財務諸表といえば「連結

財務諸表」を指し，一般に公開している財務諸表も連結財務諸表だけというのが普通です。個々の企業（親会社を含めて）が作成する財務諸表（個別財務諸表，単体ともいいます）は，その国の会社法や会計基準を適用して作成され株主総会に提出されますが，一般に公開されることはないのです。

そういえば，日本企業の英文アニュアル・レポートでも，連結財務諸表しか掲載していません。それは，諸外国の会計実務において個別財務諸表が公開されないからです。

▷ **課税の決定権**

企業決算は，配当や利益処分のような，出資した者が自分たちの意思で決める「私的自治」の話にとどまらず，課税という「公」の世界とも密接につながっています。自国の「課税の決定権」をも左右する会計基準の設定を，国家の権限が及ばない英米主導の民間団体（IASB）に委ねるといったことを，主権を持った各国がするわけがないはずです。

EUが，IFRSを採用するに当たって連結だけに適用し，個別財務諸表には各国の会計基準を適用することにしているのは，国家として当然のことなのだと思います。

アメリカの資本市場に上場している日本企業が，連結財務諸表はアメリカ基準（SEC基準）で作成しても個別は日本基準で作成しているのも，同じ理屈からです。

日本が「連結先行論」を強行して個別財務諸表にまでIFRSを強制適用すれば，これからの日本の税収の多寡も，各社が計上する利益の多寡も，米英（IASB・FASB）が支配しかねないのです。日本企業が計上す

20

Chapter 1　総論　国際会計基準の生い立ちと特質

る利益（物づくりの利益）が少なくなるような基準を作れば，企業利益の
減少，株価の低迷，法人税収入の減少，研究開発投資の抑制…を招きか
ねません。そうしたことを望んでいる人々，それによって利益を得る
人々がいることを忘れてはならないのです。

▷IFRSは原則主義

　会計基準の設定における基本的な考え方として，「**原則主義**（プリンシ
プル・ベース）」と「**細則主義**（ルール・ベース）」があります。

　原則主義とは，会計基準を作るときに，細かなルールを決めずに，基
本的な原理原則（プリンシプル）だけを定め，それを実務に適用する場
合には，各企業が置かれている状況に応じて，設定された基準の趣旨に
即して解釈するというものです。

　原則主義では，成文化される会社法や会計基準は，守るべき最低限の
ルールであって，そこに書かれているルールを守っただけでは必ずしも
法や基準の目的が達成できるわけではない，といった考え方をします。
企業が置かれている状況に応じて，必要なその他のルールや細則を自ら
作り出すことが必要であったり，まれなケースでは，成文化されている
法や基準の規定から「**離脱**」することさえ要求されることがあるのです。

　原則主義はイギリスでは伝統的な会計観であるのに対して，アメリカ
や日本の会計は細則主義を取ってきたために，原則主義にはなじみがあ
りません。

▷国際的汎用性

　IFRSが原則主義を採用するのは，IASBをイギリスがリードしてきた
からだけではありません。斎藤静樹前企業会計基準委員会委員長が指摘

21

するように「IFRSも，国際的な汎用性をもつには原則主義に徹して各国制度との共存を図るほかはない」(『季刊会計基準』2007年6月)からでした。

　細かいルールを作れば，「総論賛成，各論反対」という国が増える可能性があります。そこで，各国が賛成できる部分だけを切り取って基準とするしか，他に方法がなかったのです。

　日本やアメリカは，「法や基準に書いてあることをすべて順守すれば財務報告の目的は達成される」といった理解をしてきました。細則主義です。細則主義を採ると，いきおい，法や基準には細かなことまで書かざるを得ません。日本の会計規範は，書物にして4,500頁程度に収まっていますが，同じ細則主義を採るアメリカのUS-GAAPは25,000頁にもなるといいます。

　その点，IFRSは，書物にして2,500頁程度（薄手の紙なら1冊に収まる）にしかなりません。日本語訳にしても，2,500頁程度です。

▷実態の分からないIFRS適用国

　IASBには，110カ国で採用・許容されているIAS・IFRSが，実務において順守されているかどうか，基準が形式的にではなくスピリッツにおいて順守されているかどうか，それを確認する公認会計士がいるかどうか，監査のレベルはどの程度か，順守しなかったときのペナルティがあるかどうか，そのペナルティは企業だけか会計士にも課されるのか，どれ1つとして確認した形跡がありません。そうした重要なことをするスタッフも資金もないようです。

　IASBは，そうした意味では「裸の王様」と言ってよいでしょう。

Chapter 1　総論　国際会計基準の生い立ちと特質

110カ国もの国々が「賛成」の手を挙げているが，「賛成のふりをしておこう」「IFRSは反対する理由もない」「（会計情報に過ぎない）連結財務諸表だけに適用する基準なら自国の経済実態には影響はない」…といった国々から，今はIASBに負けたふりをして，そのうちにIASBを乗っ取る気のアメリカまで，いろいろあります。

　書かれている基準の通りに実務が行われるかどうかは，実はIFRSの命運を左右するほどの大問題です。しかし，これが表面化することはほとんどありません。なぜなら，各国の書かれている基準と純粋IFRSとの違いは両者を見比べるだけで誰にでもすぐ分かるのですが，実務が基準の通りに行われているかどうかを検証することは極めて困難だからです。

　各国における会計実務の実態が表面化していないからこそ，110カ国もの国でIFRSを「（なんらかの形で）採用」していると喧伝できるのかもしれないのです。もしかして各国の実態を調査して「実際には使っていない国」「自国流に適用している国」「会計士による監査が行われていない国」「自国語への翻訳すら出版されていない国」「上場会社のない国」「連結するだけの企業集団のない国」…がぞろぞろ出てきたら，IASBとIFRSへの信頼は一気に地に墜ちるかもしれません。だからといっては語弊があるかもしれませんが，IASBは各国の実情をまったく調査していません。

　多くの国がIFRSを採用・許容するのは，こうした原則主義の「自由度の高さ」にあるのではないでしょうか。経理の自由度が高まれば，各企業は，企業が置かれた実態にそぐわない細かなルールに縛られることなく，自らが置かれた状況に合わせた決算と財務報告ができるようになります。その反面，必ずしも適切とは言い難い，むしろグレーといえる

23

ような決算・報告が行われる可能性が高まる危険性もあるようです。

▷会計基準が国を護る

　会計基準は，その国の国益や産業振興に資するかどうかで内容が変わります。特に英米では，「**会計は政治**」という認識から，国益を守る会計基準，産業振興に資する会計基準を定める傾向があります。

　会計基準には，そうした国益や産業振興に資する力があるということは，国際会計基準にもどこかの国の国益や産業振興に役立ったり，逆に，どこかの国の国益や産業振興を妨げる力もあるということです。自国の国益や産業振興に資すること，ときには，他国の国益や産業振興の邪魔をすること，これが会計基準のもう1つの役割なのです。

　米国のブッシュ前大統領が議会で自国の会計基準を問題にして演説するのも，フランスのシラク元大統領やサルコジ前大統領が特定の国際会計基準を問題視するのも，会計基準のあり方によって自国（自分）が有利になるように，不利にならないように画策しているのです。

　その点，わが国の基準設定主体は，金融庁にそうした国益・国策・産業振興の意識が希薄なことや，基準の設定を会計学者や会計士がリードしてきたこともあって，「会計的な正しさ」をものさしとして基準の設定作業をしてきたといえるでしょう。それが間違いだというつもりはありませんが，国際社会の常識から少し外れていたことは否めないのではないでしょうか。

Chapter 1 総論 国際会計基準の生い立ちと特質

3 日本とアメリカにおける最近の動向

▷中間報告の「連結先行」論の波紋

　平成21（2009）年6月に金融庁企業会計審議会から「我が国における国際会計基準の取扱いについて」と題する中間報告が出され，IFRSの受入れに関しては，コンバージェンスを加速化するに当たって「**連結先行**」（その後，金融庁はこれをダイナミック・アプローチと命名しています）で対応する考えが示されました。

　ダイナミック・アプローチとは，連結財務諸表の会計と個別財務諸表の会計との間の整合性が失われない範囲で前者の会計が後者の会計に先行して改訂されていくという考え方を言うとされています。

　この中間報告では「今後のコンバージェンスを確実にするための実務上の工夫として，連結財務諸表と個別財務諸表の関係を少し緩め，連結財務諸表に係る会計基準については，情報提供機能の強化及び国際的な比較可能性の向上の観点から，我が国固有の商慣行や伝統的な会計実務に関連の深い個別財務諸表に先行して機動的に改訂する考え方（いわゆる「連結先行」の考え方）で対応していくことが考えられる。」と述べられています。

▷「連単一致」は世界の非常識

　この「連結先行」論は，あたかも世界の常識かのようにわが国の実務界に流布した観がありますが，実は，とんでもないほどの誤解があったのではないかと思われます。

　「連結先行論」は，「個別財務諸表あっての連結財務諸表」「個別財務諸表をIFRSで作成しなければIFRSによる連結財務諸表は作れない」

25

という理解がまさしく先行していたようです。連結も単体もIFRSで対応しているのはイタリアなどの少数の国だけであり，ほとんどの国は連結にIFRSを適用していても個別財務諸表（単体とも言います）には自国の会計基準を適用しているのです。

わが国の連結先行論は，「連結財務諸表は個別財務諸表を積み上げないと作成できない」といった先入観に囚われているのではないでしょうか。わが国の企業でもニューヨーク市場に上場してきた企業は，これまで個別財務諸表は日本の会計基準で作成し，連結財務諸表はアメリカの基準で作成してきました。それは，わが国において連結財務諸表制度が導入された当初（1977年）からの実務であり，これまでの間，こうした「連単分離」が投資家の判断を誤らせたといったことは聞いたことがありません。

▷経済産業省企業財務委員会の報告書

そうした先入観に基づく中間報告がその後のわが国におけるIFRS論議を支配して，日本の上場企業は，間もなく，連結財務諸表も個別財務諸表もIFRSが「強制適用」されるという空気が支配してきました。

そうした重苦しい空気を作り出したのは，わが国の情報企業・コンサル企業，証券取引所そして監査法人であったことは否定できません。いずれも，日本の産業界のこととか国益などといった話ではなく，IFRSでひと稼ぎ，いえ大儲けしようとした話だと思われます。その証拠に，IFRSを売り込んだコンサル会社も情報処理会社も，どこもIFRSを採用しようともしないのです。自分で勧奨するIFRSなら，まずは自社が採用するのが道理だと思うのです。

声高にIFRSを推奨する情報処理会社・監査法人・コンサル会社の意

Chapter 1　総論　国際会計基準の生い立ちと特質

見が，金融庁や経団連には「日本の経済界の統一的意見」と聞こえたの
でしょうか。こうした人たちの声を受けて，企業会計審議会が公表した
のが，上の中間報告でした。

　この中間報告は，金融庁という証券市場の番人（上場会社が作成する財
務諸表もモニタリングの対象となる）が作成したということもありまして，
その後の日本では「連結先行」と「上場企業への強制適用」が既定のこ
とのように論じられてきたように思われます。

　そんな雰囲気の中，経済産業省の経済産業政策局企業行動課を事務局
として，わが国主要企業の財務担当役員（CFO）等をメンバーとして設
置された企業財務委員会（委員長・佐藤行弘三菱電機常任顧問）が，平成22
（2010）年４月に，「会計基準の国際的調和を踏まえた我が国経済およ
び企業の持続的な成長に向けた会計・開示制度のあり方について」と題
する「中間報告書」を公表しました。

　ここで表明された意見は，わが国産業界，とりわけ「物づくり」の産
業界を代表する意見と言ってよく，「技術立国」「物づくり」を標榜する
わが国にとって適切な会計とはどうあるべきかを示しています。

　この中間報告書（企業会計審議会の「中間報告」と混同しないように，以下
では「企業財務委員会報告書」と呼ぶことにします）は，連単問題について，
次のような問題を提起しました。

　「我が国固有の商慣習や伝統的な会計実務に関連の深い単体に適用さ
れる会計基準について『なぜ単体を連結に合わせないか』ということ
ではなく，『なぜ（国内制度に係る）単体基準を（国際ルールに係る）連
結基準に合わせるのか』という視点において，『連結先行』の本来の

27

意義を明確化する必要がある。」

「単体にどこまでIFRSを取り込むかについては，会社法や税法との関係や日本的経営の有り様等，国家戦略として国内体制がどのようにあるべきかという観点から，幅広い利害関係者が一体となった枠組みの下で総合的に検討された上で結論づけられるべきである。」

こうした認識の下，企業財務委員会報告書では，「国際的な要請として，コンバージェンスについては連結のみが対象となっていること，IASBの作業計画に整合する形で加速的な検討が求められていることを前提とした上で，単体についてのコンバージェンスの議論と連結の議論をいったん分離する，手続き的な意味においての『連単分離』を確立することが必要ではないか」と提言しました。

企業会計審議会が「連結先行」を打ち出したのに対して，これほど明確に「連単分離」を表明したのですから，その波紋は大きいものがありました。しかし，IFRS問題を審議している企業会計審議会では，企業財務委員会報告書については簡単な紹介があっただけで，この報告書の内容を議論することはありませんでした。

その後，わが国では，企業会計審議会が「中間報告」で打ち出した「連結先行（連結と個別の両方にIFRSを適用）」と「全上場会社に強制適用」というシナリオに沿って，大慌てでIFRS導入の準備を進めてきました。

これは大変困難な作業の連続であったようです。各企業の経理部門のスタッフを増やし，会計ソフトや契約ソフト，資産管理ソフトなどの作り直し，海外支店・子会社・関連会社の会計規定の見直し，IFRSを強

制適用された場合の影響の測定…どうしたらいいのか分からないことだらけなのに，相談する相手がいないのです。

　もともとIFRSの中身がよく分からずにIFRSへの対応をしようとするのですから，各企業だけではなく監査法人も大変であったと思います。監査法人は盛んにIFRSに関するセミナーを開いていますが，そのセミナーで講師を務めた友人からは，「セミナー会場で質問されるのが怖い」「セミナーで話をすると，自分が何も分かっていないことだらけということに愕然とする」「IFRSのセミナー講師はやりたくない」というぼやきを聞かされます。

　そうした大混乱の中，平成23（2011）年春に，日本の財界が「宛先のない要望書」を書きました。内容は，そのときの経団連にも逆らい金融庁にも逆らうような，財界の「血判状」でした。これを読んだ，当時の金融・郵政改革担当自見庄三郎国務大臣が，「政治的決断」として，これまでのIFRS論議は「国際化が自己目的化」した面があるとして，これまでの議論を白紙に戻して「真の国益を見据えた，成熟した議論」を開始することを求めたのです。

▷「連単分離」と「任意適用の継続」
　これまでの日本の議論では，全上場会社に「強制適用」するという予定でした。しかしヨーロッパではそんなことはしていません。ヨーロッパでは，強制適用される市場（規制市場）と自国基準でいく市場（非規制市場）と２つに分けて，会社は出入り自由になっています。自分の会社が国際基準でいこうと思ったら，国際基準のマーケットで上場すればいいし，不都合が出てきたら市場を変えることができます。

　２つの市場は出入り自由になっていて，規制市場に行ったときだけ強

制適用されるというのが，ヨーロッパで言う「強制適用」です。これは
「強制適用」ではなくて，事実上は「任意適用」です。

　わが国では，個別財務諸表と連結財務諸表の両方にIFRSを適用する
予定でしたが，企業会計審議会や財界の議論を見ていますと，個別財務
諸表に国際基準を適用するという話はほぼ消えてなくなりました。連結
だけにしようではないかというのが大体の雰囲気となってきたと思われ
ます。

　次の議論は，IFRSを連結だけに適用するとしたらどこの会社に適用
するかという話ですが，これは線引きが難しい。例えば外国人の持ち株
比率が何％以上とか，資本金がどれだけ以上などという区別をしたら，
もしかしたら会社によっては資本金を減らすかもしれません。持ち株比
率を下げるために，日本のほかの会社に持ち合ってもらうかもしれない。
そういう無理なことをする必要がないのは，やりたいところだけがやる
ということではないでしょうか。つまり，任意適用です。

　企業会計審議会は，１年間にわたる議論の論点を整理して，平成24
（2012）年７月２日付で「国際会計基準（IFRS）への対応のあり方につ
いてのこれまでの議論（中間的論点整理）」を公表しました。そこでは，
「**連単分離**（IFRSは連結財務諸表にのみ適用する）」を前提に「**任意適用**
（使いたい企業だけが適用する）」の積上げを図ることを確認しています。

▷SECの最終スタッフ報告書とオバマ政権の思惑
　アメリカの最近の動向を紹介します。
　今のアメリカは製造業の復活と輸出増強による雇用拡大ができなけ
れば，「99％の反乱」が実現してしまう可能性があります。今のアメ
リカでは「IFRSどころの騒ぎではない」ということもあるでしょう

Chapter 1 総論 国際会計基準の生い立ちと特質

が，「IFRSではアメリカ企業の経営実態を把握できない」「IFRSでは，ウォール街は潤っても，雇用の拡大にはつながらない」ということが分かるにつれて，IFRSの採用を避ける方向に動いているようです。

2012年7月13日には，アメリカ証券取引委員会（SEC）のスタッフが，2010年2月に公表したワークプランについての最終報告書「アメリカの発行企業の財務報告制度へIFRSを組み込むことを検討するためのワークプラン—最終スタッフ報告書」を公表しました。

SECスタッフによる初期の調査で，アメリカの資本市場における大多数の参加者がIFRSをそのままUS-GAAPとして指定することを支持していないこと，アメリカの投資家はIFRSの早期適用（任意適用）を認めるべきではないという見解で一致していることが明らかになり，そこでIFRSをアメリカの財務報告制度にどのように組み込むかに関して，コンバージェンスを継続する案，エンドースメント（承認）方式，さらにはコンバージェンスとエンドースメントを組み合わせたコンドースメント方式などが検討されてきました。

しかし，最終報告書でも，IFRSをアメリカの財務報告制度に組み込むべきかどうか，仮に組み込むとすればどういう方法がいいかといった，世界中が注目している事柄についてはまったく言及せず，適用の判断を先送りしているのです。最終報告書と言いながら何らの言及も示唆もないとすれば，当分の間は何らかの提案が行われることはないであろうと思われます。

日本経済新聞社ニューヨーク支局の川上穣氏は，「米企業にはもともとIFRS導入に伴うシステム変更など，費用増への警戒感が強い。オバマ政権……，賛否が割れる会計基準を巡る判断は先送りした方が賢明と

31

考えた可能性がある。」（日本経済新聞，12年7月18日）とレポートしています。

　IFRSで展開されている利益（包括利益）も資産概念（フェア・バリューで評価される）も，「企業売買を目指す投機家」「ウォール街の住人」からは歓迎されても，世界中の経営者・中長期の投資家・労働者などからは受け入れられないのではないでしょうか。

4　JMISの公表

　2014年7月に，企業会計基準委員会（ASBJ）から，「修正国際基準（国際会計基準と企業会計基準委員会による修正会計基準によって構成される会計基準）（JMIS）」案が公表されました。英文名称は，Japan's Modified International Standards（JMIS）：Accounting Standards Comprising IFRSs and the ASBJ Modifications. となっています。

　この文書の日本名称にも英文名称にも，日本版の「国際会計基準」であるとも「J-IFRS」とも書いていないのです。これが「会計基準」であるとは書いてないのです。この文書には，その内容を説明するカッコ書きの副題があり，そこに「IFRSs」という表現が使われていますが，日本版IFRS（J-IFRS）だとは書いていないのです。

　このJMIS（案）は，公表前から不評でした。自由民主党金融調査会会長の塩崎恭久氏からは「そんなもの（日本版IFRS）を作ったら世界からばかにされる。公開草案を出すべきではない」として牽制されましたし，おおもとのIFRS財団も「日本版IFRSをIFRSとして認識していない。日本がまた新しい日本基準を作っている」とみているというのです。

32

Chapter 1　総論　国際会計基準の生い立ちと特質

　日本版IFRSの設定を後押ししてきたのは自民党と金融庁です。金融庁は，わが国の会計基準を設定する法的権限を持っています。金融庁企業会計審議会は2013年6月に「国際会計基準（IFRS）への対応のあり方に関する当面の方針」を公表し，「我が国がIASBに対し意見発信を行っていく上で，日本が考える『あるべきIFRS』を国際的に示すことは有用」と記し，その作業をASBJに付託していたのでした。それがJMISの公表前後に，金融庁からは，「（JMISの）利用を促すつもりはまったくない」とか「JMISを作成しても利用する企業は少ないと思っている」とか，ASBJの1年もかけた努力を無視するかのような無責任な声が聞こえているのです。

　なお，このJMIS（案）は，2015年6月30日付で，ほとんど修正なしで4番目の会計基準として公表されました。

　2015年12月現在，わが国ではIFRS（指定国際会計基準）を任意適用している上場企業が71社ありますが，これらの会社の経営者は，IFRSによって「わが社の身売り価格」を計算・表示しているということを認識しているのでしょうか。そもそも，これらの会社の経営者は，「わが社を売る」気があるのでしょうか。「高く買ってくれるところがあれば，わが社を売りたい」という経営者もいるかもしれません。それが個別の会社にとって経済的に合理的な判断であるかもしれないのですが，IFRSが想定しているM&Aは，企業を買い取った後，資産も負債もバラバラに切り売りするのですから，従業員はすべて解雇，事業は閉鎖（一部の事業は切り離して買い手を見つけるかもしれないが）するでしょう。

　解雇された元従業員とその家族，バラバラにされた企業の取引先とその従業員・家族……。IFRSでは，国家の利益とか産業の振興，個別企業の存続……こうした考えは入り込まないのです。言い過ぎだと言われ

33

るのを承知の上で言いますと，IFRSは99.9％の人にとって「不幸の会計基準」なのです。

　翻って，日本の会計観と会計基準です。わが国の伝統的な会計観・会計基準は，ゴーイング・コンサーン（企業の継続）を前提とした，投下資本の回収計算と回収余剰としての利益を期間的に区切って計算・表示する会計です。これは中・長期の企業経営（経営者）と事業投資（投資家）の双方にとってベストな会計であると思われます。

▷「会社を売る」会計と「会社を続ける」会計
　世界には今，「企業をバラバラに切り売りするための会計」と「企業の存続を前提とした，中長期の経営に資する会計」という２つの会計観に立った会計基準群が併存しています。会計情報を利用する人たちが，瞬間的な投資観に基づいて会計を利用したいと考えるグループと，中長期の投資・経営に資する会計を利用したいと考えるグループがあるということです。そうした時に，どちらか一方の考えで会計基準を決めるというのは，他のグループから受け入れてもらえないでしょう。

　今の時代には，２つの会計観が併存できる道を探るしかないのではないでしょうか。何も国別に選択することもない。ゴーイング・コンサーンの経営と会計を希望しているという会社は，中長期の経営と投資に資する会計を選択すればよいし，高く身売りしたいと考える会社はIFRSを使えばよいのではないでしょうか。

　日本の企業が，日本基準，純粋IFRS，日本版IFRS（JMIS），アメリカのSEC基準という４つの基準群から選択適用するという現状よりも，はるかにシンプルであり，経営者にも投資家にも分かりやすいのではないかと思います。

34

5 「企業会計原則のスピリッツ」に戻る

　「金づくり」の会計（IFRS）は，「物づくり」の会計に適さないのです。それどころか，物づくりの企業・国（日本をはじめアジア諸国やヨーロッパの国々）にとっては，「金づくり」に狂奔する英米の金融界のためのIFRSを押し付けられて，「わが社の身売り価格」を計算させられるのは許しがたいことであろうと思います。

　わが国の経済界を代表する企業群が，日本経済の崩壊，その結果としての雇用破壊が起こることを恐れて，宛先の書かれていない「要望」（「我が国のIFRS対応に関する要望」平成23（2011）年5月25日）を発表したとき，当時の自見庄三郎金融担当大臣がアクションを起こさなかったら，「要望」という連判状に名を連ねた人たちは討ち死にしたかもしれないのです。

　幸いにして，その後の日本の議論は，ほぼ「要望」に書かれたストーリーの通りに進んでいると言ってよいと思います。

　つまり，「連結先行」ではなく「**連単分離**」で，「全上場会社に強制適用」ではなく，IFRSの「**任意適用**」を継続・発展するというストーリーです。このストーリーは，世界の主要国が採用してきたものであり，多分にアメリカも採用すると思われます。

　では，そうなったときに，世界の会計は，日本の会計はどうあるべきか，何を目指すべきか，非常に重要なテーマが待っています。私はことあるごとに「企業会計原則のスピリッツ」に戻ることを提案してきました。「企業会計原則に戻る」のではなく「**企業会計原則のスピリッツに戻る**」のです。

企業会計原則のスピリッツは，日本固有のものではありません。もともと企業会計原則はアメリカの会計観を輸入して作文されたものですから，そのスピリッツもアメリカ生まれ・アメリカ育ちです。アメリカの会計も，日本に輸出した会計観を改めて学んでもよいのではないでしょうか。

　そうしたことに関しては次に書きましたので，お読みいただければ幸いです。

・田中　弘『「書斎の会計学」は通用するか』税務経理協会，2015年
・田中　弘「金融庁の大誤算—JMIS は Japan's Mistake！」『金融財政ビジネス』時事通信社，2015年1月19日
・田中　弘『会計学はどこで道を間違えたのか』税務経理協会，2013年
・田中　弘『国際会計基準の着地点—田中弘が語る IFRS の真相—』税務経理協会，2012年
・田中　弘『IFRS はこうなる—「連単分離」と「任意適用」へ』東洋経済新報社，2012年
・田中　弘『複眼思考の会計学—国際会計基準は誰のものか』税務経理協会，2011年
・田中　弘『国際会計基準はどこへ行くのか—足踏みする米国，不協和音の欧州，先走る日本』時事通信社，2010年
・田中　弘「日本はいかなる会計を目指すべきか(1)(2)」『税経通信』2012年3月号，4月号
・田中　弘「IFRS を巡る国内の動向(2)—「物づくりの国」「技術立国」に適した会計を求めて」『税経通信』2011年3月号

CHAPTER 2

概念フレームワーク

1 概念フレームワークとは何か

2 一般目的財務報告の目的

3 報告実体

4 有用な財務情報の質的特性

5 基礎となる前提

6 財務諸表の構成要素の定義

7 財務諸表の構成要素の認識と測定

8 資本および資本維持の概念

1 概念フレームワークとは何か

概念フレームワーク（conceptual framework）は，企業外部の情報利用者のための財務諸表の作成および表示に関する基礎概念について記述するものです。

IASBは，1989年に初めて概念フレームワークを構築しました（**1989年概念フレームワーク**）。**1989年概念フレームワーク**は，2004年以降，アメリカのFASBと共同で，改訂作業が進められてきました（**概念フレームワーク共同プロジェクト**）。

これは，**原則主義**（principles-based approach）の下で国際的に収斂された会計基準を設定するための最良の基礎を確保することを目的としています。

IASBは，2010年に『**財務報告の概念フレームワーク2010**』（Conceptual Framework for Financial Reporting 2010）を公表しました（**2010年概念フレームワーク**）。**2010年概念フレームワーク**は，**1989年概念フレームワーク**の「財務諸表の目的」と「財務諸表の情報が意思決定に有用となるための質的特性」について改訂しています。

IASBは，2012年9月よりIASB単独で改訂作業を再開して，2015年5月に公開草案『財務報告に関する概念フレームワーク』（2015年公開草案）を公表しています。

『**財務報告の概念フレームワーク2010**』の構成は，次の通りです。

Chapter 2　概念フレームワーク

『財務報告の概念フレームワーク2010』の構成

第1章	一般目的財務報告の目的
第2章	報告実体（未公表）
第3章	有用な財務情報の質的特性
第4章	その他のフレームワーク（1989年概念フレームワークに同じ） 基礎となる前提 財務諸表の構成要素 財務諸表の構成要素の認識 財務諸表の構成要素の測定 資本および資本維持の概念

日本の概念フレームワーク

　概念フレームワークは，1978年以降にFASBが構築を初め，その後，アングロ・サクソン諸国において構築されてきました。

　したがって，日本のものを含めて，各国の概念フレームワークの内容は，アメリカのものと極めて類似しています。

　日本では，ASBJが2004年に概念フレームワークを討議資料『財務会計の概念フレームワーク』として公表しています。

　それは，2006年に一部改訂されていますが，いまだに討議資料という位置付けです。

　2010年概念フレームワークは，多くの箇所で，伝統的に用いられてきた収益費用アプローチに代わって，資産負債アプローチに基づいた財務会計の基礎概念を提供しています。

39

資産負債アプローチに基づいた概念フレームワークが構築されること
によって，財務会計の基礎概念は次のように大きく変化します。

財務会計の基礎概念の変化		
	収益費用アプローチ	資産負債アプローチ
(1)　会計の中心概念	収益および費用	資産および負債
(2)　測定の基礎	取得原価主義	公正価値会計
(3)　利益観	当期純利益	包括利益

2　一般目的財務報告の目的

▷一般目的財務報告の目的

　一般目的財務報告の目的(Objective of General Purpose Financial
Reporting)は，概念フレームワークの基礎を形成するものです。

　一般目的財務報告の目的は，次のように述べられています。

一般目的財務報告の目的
現在および将来の投資者，貸付者およびその他の債権者に対して，報告実体（reporting entity）への資源提供についての意思決定に役立つような，報告実体に関する財務情報を提供すること

　一般目的財務報告は，報告実体の価値を表示することを意図していま
せんが，現在および将来の投資者，貸付者およびその他の債権者が報告
実体の価値を見積るために役立つ情報を提供することにあります。

Chapter 2　概念フレームワーク

▷主要な情報利用者と情報ニーズ

　一般目的財務報告は，**主要な情報利用者として，現在および将来の投資者，貸付者およびその他の債権者**に焦点を当てています。

　財務情報の利用者には，主要な情報利用者以外に，経営者，規制当局，一般大衆等が考えられます。

　しかし，一般目的財務報告は，情報利用者に対して共通の情報を提供するもので，あらゆる**情報利用者のニーズ**に応えることはできません。

　そこで，**概念フレームワークは，**情報利用者の範囲を限定した上で，**コストとベネフィット**との関連で最大限の**情報利用者のニーズ**を満たすような情報提供を目指します。

　主要な情報利用者と情報ニーズとの関わりは，次の通りです。

主要な情報利用者と情報ニーズとの関わり		
主 要 な 情報利用者	情報利用者が行う 意思決定	具体的な情報ニーズ
現在および将来の投資者	株券および債券の購入，売却または保有に関する意思決定	それらの投資から得られる配当金，元金および利息の支払いあるいは市場価格（market price）の上昇といった**リターン**（return）に関連した情報
現在および将来の貸付者およびその他の債権者	貸付金およびその他の債権の提供または決済に関する意思決定	彼らの期待する元金および利息の支払いまたはその他の**リ**ターンに関連した情報

41

主要な情報利用者の意思決定は，それぞれが**リターンへの期待**と関連して説明されます。

　それは，報告実体への**将来の正味キャッシュ・インフロー**の金額，時期および不確実性の評価に役立つ情報です。

▷将来の正味キャッシュ・フローの予想
　将来の正味キャッシュ・インフローの予想には，次の３つの情報が必要です。

将来の正味キャッシュ・インフローの予想に必要な情報
(1)　**報告実体の経済的資源**に関する情報
(2)　**報告実体**に対する**請求権**に関する情報
(3)　**報告実体の経営者および取締役会**がいかに効率的かつ効果的に報告実体の資源を用いるために**責任**を果たしているかに関する情報

　報告実体の経済的資源および報告実体に対する**請求権**に関する情報は，報告実体の**財政状態**（financial position）を示します。
　これは，報告実体の**流動性および支払能力**，**追加的な資金調達への**
ニーズ並びにその資金調達の可能性を評価するのに役立ちます。

　また，現在の**請求権の優先度や支払条件**についての情報は，報告実体に対する請求権を有している人々の間での**将来キャッシュ・フローの配分**の予想に役立ちます。

　報告実体の**経済的資源および請求権の変動**は，**財務業績**（financial performance）と**債券または株券の発行**といった取引から生じます。

42

Chapter 2　概念フレームワーク

　財務業績に関する情報は，経営者がいかに効率的かつ効果的に**責任**を果たしているか，および**将来キャッシュ・フローの不確実**を評価するための情報を提供します。

　ここから，財務業績に関する情報は，報告実体の**過去および将来の正味キャッシュ・インフローの創造力**の評価に有用です。

　債券または株券の発行に関する情報は，報告実体の経済的資源および請求権の変化および将来の財務業績の変化の解釈について，情報利用者が完全に理解するのに役立ちます。

日本の概念フレームワークの特徴（1）
～情報利用者の範囲とニーズ～

　日本の概念フレームワークは，原則として，**証券市場における
ディスクロージャー制度**を念頭に記述されています。
　ここから，主要な情報利用者として，**投資家**に焦点が当てられます。
　投資家は，**不確実な将来キャッシュ・フローへの期待**の下に，自らの意思で資金を企業に投下することから，企業が資金をどのように投資し，実際にどれだけの成果を上げているかについての情報を必要とすると説明されています。

43

> ## 日本の概念フレームワークの特徴（**2**）
> ## ～財務報告の目的～
>
> 　日本の概念フレームワークでは，**財務報告の目的**は，**投資家**による企業成果の予測と企業価値の評価に役立つような，企業の財務状況を開示することと述べられています。
>
> 　また，財務報告は，私的契約等を通じた**利害調整**および関連諸法規や政府等の規制にも副次的に利用されるとして，経営者による受託責任あるいは説明責任に関しても，財務報告の目的の中で述べられています。

3 報告実体

　概念フレームワークの改訂作業では，**一般目的財務報告の目的**をもとに，財務報告を行う**報告実体概念**について検討しています。

　現在，**報告実体概念**に関する公式見解は公表されていませんが，**報告実体の範囲**は，財務諸表が情報利用者のニーズを満たす**目的適合的**な財務情報を提供し，かつ報告実体の経済活動を**忠実に表現**する方法で決定されることになります。

4 有用な財務情報の質的特性

▷財務情報の質的特性

　有用な財務情報の質的特性（Qualitative Characteristics of Useful Financial Information）とは，主要な情報利用者が財務情報に基づいて報告実体について意思決定を行う上で，もっとも有用と考えられる情報の

44

種類を特定するものです。

　有用な財務情報の質的特性は，**基本的質的特性**（Fundamental Qualitative Characteristics）と**補強的質的特性**（Enhancing Qualitative Characteristics）に分けて説明されます。

　有用な財務情報の質的特性は，下記のように図示できます。

有用な財務情報の質的特性				
基本的質的特性	目的適合性 ➡		忠実な表現	
固有の条件	重要性			
補強的質的特性	比較可能性	検証可能性	適時性	理解可能性
制約条件	コスト			

▷**基本的質的特性**
　基本的質的特性は，財務情報が意思決定に有用であるために備えるべき特性で，⑴**目的適合性**（relevance）と⑵**忠実な表現**（faithful representation）から説明されます。

　基本的特性は，情報利用者の意思決定に有用と考えられる経済事象を特定した後に，利用可能な情報の中から，**目的適合的な情報**を特定して，その後，**忠実に表現できるか**を判定して適用されます。

(1) 目的適合性

目的適合性
財務情報が情報利用者の意思決定に相違を生じさせる可能性のあること

　財務情報が目的適合的であるには，財務情報が**予測価値**（predictive value），**確認価値**（confirmatory value）あるいはそれらの両方を備えていなければなりません。

　予測価値を備えた情報とは，情報利用者が将来の結果を予測するために用いられるような情報です。

　確認価値を備えた情報とは，情報利用者が過去の評価を確認するか，それを変更する場合に用いられるような情報です。

予測価値と確認価値～収益の場合～	
予測価値	当期の収益情報は，将来の収益の予測の基礎として用いることができる。
確認価値	過去に行った収益の予測と比較することによって，収益の予測で用いる方法を修正して，改善することができる。

　もしある財務情報を省略あるいは虚偽表示することによって，特定の報告実体に関して情報利用者が行う意思決定に影響が生じるならば，その情報は**重要な情報**となります。

　重要性（materiality）は，情報が個々の報告実体の財務報告に関して，項目の性質，金額あるいはそれらの両方に基づいた目的適合性に関連した報告実体固有の1つの条件です。

Chapter 2　概念フレームワーク

(2)　忠実な表現

```
忠実な表現

　財務情報が表現しようとする事象を，完全で（complete），中立
で（neutral）かつ誤謬がない（free from error）ように描写するこ
と
```

　完全な描写とは，描写される事象を理解する上で，情報利用者が必要
とするすべての情報を含んでいることを意味します。

　中立な描写とは，財務情報の選択または表示において，偏向がないこ
とを意味します。

　誤謬がない描写とは，現象の記述に誤謬または省略がなく，報告され
る情報を作成するために用いたプロセスが，そのプロセスにおいて誤謬
がなく選択され，適用されたことを意味します。

　例えば，観察可能でない価格または価値の見積りに関して，金額が見
積りであることが記述され，見積りのプロセスおよびその限界が説明さ
れ，かつ見積りのプロセスが適切に選択され，かつ適用されている場合
に，**誤謬がない描写**となります。

▷補強的質的特性
　財務情報が**基本的質的特性**に加えて，**補強的質的特性**を備えている場
合，**財務情報の有用性**はいっそう高められます。

　補強的質的特性は，(1)**比較可能性**（comparability），(2)**検証可
能性**（verifiability），(3)**適時性**（timeliness）および(4)**理解可能性**
（understandability）から説明されます。

47

補強的質的特性は，順序に関係なく相互に適用されます。

財務諸表の質的特性		
(1)	比較可能性	項目間の類似点および相違点を情報利用者が特定し，理解可能であること
(2)	検証可能性	財務情報が経済的事象を忠実に表現していることを保証できること
(3)	適　時　性	意思決定者が意思決定を行う際に，適時に情報を利用できること
(4)	理解可能性	財務情報が明確かつ簡潔に分類され，特徴づけられ，表示されることで，理解可能なものになること

▷**制 約 条 件**

　財務情報の提供者が財務報告を行うには，**コスト**がかかります。そのコストは，情報利用者がリターンの減少という形で最終的に負担します。

　したがって，財務情報の報告に必要な**コスト**は，その情報により得られるであろう**便益**によって正当化されなければなりません。

Chapter 2　概念フレームワーク

日本の概念フレームワークの特徴（3）
～情報の質的特性～

　日本の概念フレームワークでは，会計情報に求められる**基本的な特性**と**一般的制約となる特性**に区別して説明されています。

　基本的な特性は，意思決定有用性であり，それは**意思決定との関連性**および**信頼性**の2つの特性により支えられると説明されています。

　一般的制約となる特性は，**内的整合性**＊）と**比較可能性**から説明されています。

＊）**内的整合性**は，ある個別の会計基準が，会計基準全体を支える基本的な考え方と矛盾しないことを指すと説明されます。

基本的質的特性	意思決定有用性				
	意思決定との関連性 ⬌ 信頼性				
	情報価値の存在	情報ニーズの充足	中立性	検証可能性	表現の忠実性
一般的制約特性	内的整合性		比較可能性		

自明条件	理解可能性	重要性	コストとベネフィット

49

5 基礎となる前提

2010年概念フレームワークは，基礎となる前提として，**継続企業**（going concern）だけを示しています。

ここで，継続企業とは，予見可能な将来にわたって，企業が事業活動を継続するであろうという前提です。

6 財務諸表の構成要素の定義

▷財務諸表の構成要素

財務諸表は，取引その他の事象の財務的影響を，それらの経済的特徴に従って大項目に分類して表示されます。これらの大項目は，財務諸表の**構成要素**（elements）と呼ばれます。

貸借対照表と**損益計算書**の名称は，2007年に改訂されたIAS1号「財務諸表の表示」（Presentation of Financial Statements）において，財務表の機能をより反映した名称として，それぞれ**財政状態計算書**（Statement of Financial Position）および**純損益およびその他の包括利益計算書**（Statement of Profit or Loss and Other Comprehensive Income（OCI））（または，**包括利益計算書**（Statement of Comprehensive Income））に変更されています。

そのほか，IAS1号は，**キャッシュ・フロー計算書**（Statement of Cash Flows）と**持分変動計算書**（Statement of Changes in Equity）の作成を要求しています。

財政状態計算書における**財政状態**の測定に直接関係する構成要素は，**資産**（assets），**負債**（liabilities）および**持分**（equity）です。

Chapter 2　概念フレームワーク

　純損益およびその他の包括利益計算書における**業績の測定値**は，**利益**（profit）です。利益の測定に直接関係する構成要素は，**収益**（income）および**費用**（expenses）です。

　概念フレームワークでは，キャッシュ・フロー計算書と持分変動計算書の構成要素は，示されていません。

財務諸表の構成要素	
財政状態計算書	資産
	負債
	持分
純損益およびその他の包括利益計算書	収益
	費用

▷財政状態計算書の構成要素の定義

資　産	過去の事象の結果として企業が支配し，かつ**将来の経済的便益**が当該企業に流入すると期待される資源

　将来の経済的便益とは，企業への現金および現金同等物の流入に直接または間接的に貢献する潜在能力です。

負　債	過去の事象から発生した現在の**債務**であり，その決済により経済的便益を有する資源が，当該企業から流出すると予想されるもの

51

債務とは，ある一定の方法で実行または遂行する責務または責任です。

持　分	企業のすべての負債を控除した残余の資産に対する請求権

持分は，貸借対照表において，株主からの出資金，留保利益，留保利益の処分を示す準備金，資本の維持修正を示す準備金等に，再分類されることがあります。

▷純損益およびその他の包括利益計算書の構成要素の定義

収　益	会計期間中の資産の流入または増価，あるいは負債の減少の形を採る経済的便益の増加であり，持分参加者からの出資に関連するもの以外の持分の増加を生じさせるもの

　広義の**収益**（income）には，**収益**（revenue）と**利得**（gains）の両方が含まれます。

　収益（revenue）は，企業の通常の活動の過程において発生する売上，報酬，利息，配当，ロイヤルティーおよび賃貸料などが含まれます。

　利得（gains）は，**収益**（income）の定義を満たすその他のものです。

　これは，企業の通常の活動の過程において発生するものと，発生しないものとがあります。

　例えば，**市場性ある有価証券の再評価や固定資産の帳簿価額の増価**から発生する**未実現利得**などがあります。

費　用	会計期間中の資産の流出または減価，あるいは負債の発生の形をとる経済的便益の減少であり，持分参加者への分配に関連するもの以外の持分の減少を生じさせるもの

Chapter 2 概念フレームワーク

費用には，企業の通常の活動の過程において発生する費用だけでなく，損失（losses）が含まれます。

企業の通常の活動の過程において発生する費用には，売上原価，賃金，減価償却費などがあります。

損失は，費用の定義を満たすその他の項目を表します。これには，企業の通常の活動の過程において発生するものと，発生しないものとがあります。例えば，自然災害，固定資産の処分から発生する損失，外貨建借入金に関して，外貨の為替レートの高騰から発生する未実現損失なども含まれます。

CHECK POINT

IASBは，利益を財務諸表の構成要素ではないと考えていることから，概念フレームワークでは利益の定義を行わず，IAS 1において定義している。

IAS 1は，利益概念として，純損益（profit or loss），包括利益（comprehensive income）およびそれらの利益を結びつける概念としてその他の包括利益（OCI）を示し，各利益を以下のように定義している。

純損益：収益から費用を控除した合計額（OCIを除く）
包括利益：ある期間における持分の変動
OCI：他のIFRSが要求または許容するところにより，純損益に認識されない収益および費用（組替調整額を含む）

53

日本の概念フレームワークの特徴（4）
～情報の質的特性～

　日本の概念フレームワークでは，財務諸表の構成要素は，資産，負債，純資産，株主資本，包括利益，純利益，収益および費用の８つです。

　IASBの概念フレームワークにおける**持分**が，**純資産**と**株主資本**に分けて定義されています。

　純資産は，資産と負債の差額として定義されます。**株主資本**は，純資産のうち報告主体の所有者である株主に帰属する部分であると定義されます。

　包括利益は，特定期間における純資産の変動額のうち，報告主体の所有者である株主，子会社の少数株主および将来それらになり得るオプションの所有者との直接的な取引によらない部分と定義されます。

　純利益は，特定期間の期末までに生じた純資産の変動額のうち，その期間中に**リスクから解放された投資**の成果であって，報告主体の所有者に帰属する部分と定義されます。

7　財務諸表の構成要素の認識と測定

▷認識の意味

　認識（recognition）とは，構成要素の定義を満たし，以下の認識規準の両方を満たす項目を，財務諸表に計上する過程をいいます。

Chapter 2　概念フレームワーク

認識規準	
(1)	将来の経済的便益の蓋然性
(2)	測定の信頼性

(1)　**将来の経済的便益の蓋然性**

　将来の経済的便益の蓋然性（probability）とは，当該項目に関連する将来の経済的便益が，企業に流入するか，または企業から流出する可能性が高いことを意味します。

(2)　**測定の信頼性**

　測定の信頼性とは，当該項目が，信頼性をもって測定できる原価または価値を有していることを意味します。

▷**資産および負債の認識**

資　産	将来の経済的便益が企業に流入する可能性が高く，かつ信頼性をもって測定できる原価または価値を有する場合に，財政状態計算書に認識します。
負　債	現在の債務を決済することによって，経済的便益を有する資源が企業から流出する可能性が高く，かつ決済される金額が信頼性をもって測定できる場合に，財政状態計算書に認識します。

55

▷収益および費用の認識

収　益	資産の増加または負債の減少に関連する将来の経済的便益の増加が生じ，かつそれを信頼性をもって測定できる場合に，純損益およびその他の包括利益計算書に認識します。
費　用	資産の減少または負債の増加に関連する将来の経済的便益の減少が生じ，かつそれを信頼性をもって測定できる場合に，純損益およびその他の包括利益計算書に認識します。

　収益および費用は，資産および負債の増減と同時に認識されます。

▷測定の意味

　測定（measurement）とは，**財政状態計算書**および**純損益およびその他の包括利益計算書**で認識され計上されるべき**財務諸表の構成要素の金額を決定する過程**をいいます。

　財務諸表では，**公正価値（fair value）**測定に基づいて，さまざまな**測定の基礎（measurement bases）**が，さまざまに組み合わせて用いられます。

測定の基礎	
(1)	取得原価
(2)	現在原価
(3)	実現可能（決済）価額
(4)	現在価値

Chapter 2　概念フレームワーク

(1)　**取得原価**（historical cost）

　資産は，取得時に支払われた現金または現金同等物の金額，あるいは提供された対価の**公正価値**の金額で記録されます。

　負債は，債務との交換によって受領した金額，あるいは通常の事業の過程において負債を決済するために支払うことが予想される現金または現金同等物の金額で記録されます。

(2)　**現在原価**（current cost）

　資産は，同一または同等の資産を現時点で取得した場合に支払わなければならないであろう現金または現金同等物の金額で計上されます。

　負債は，債務を現時点で決済するために必要とされるであろう割引前の現金または現金同等物の金額で計上されます。

(3)　**実現可能（決済）価額**（realizable (settlement) value）

　資産は，通常の処分により資産を売却することにより，現時点で得られるであろう現金または現金同等物の金額で計上されます。

　負債は，それらの決済価値，すなわち通常の事業の過程において負債を決済するために支払われるであろう割引前の現金または現金同等物の金額で計上されます。

(4)　**現在価値**（present value）

　資産は，通常の事業の過程において得られるであろう将来の正味現金流入額の**割引現在価値**（present discounted value）で計上されます。

　負債は，通常の事業の過程において負債を決済するために必要とされるであろう将来の正味現金流出額の割引現在価値で計上されます。

57

日本の概念フレームワークの特徴（5） 〜測定〜
日本の概念フレームワークでは，資産の測定，負債の測定，収益および費用の測定に分けて，それぞれ具体的な測定属性について説明しています。

8　資本および資本維持の概念

　資本（capital）概念は，財務諸表の利用者のニーズに基づいて，以下の2つの中から採用されます。

資　本　概　念	
(1)	貨幣資本概念
(2)	実体資本概念

　資本概念が異なることによって，**維持すべき資本**の概念および**利益**の概念も異なり，財務諸表を作成する場合の**会計モデル**（accounting model）に影響を及ぼします。

(1)　**貨幣資本概念**

　貨幣資本概念（financial concept of capital）では，資本は企業の純資産または持分と同義とみなされます。

　貨幣資本概念は，財務諸表の利用者が主に名目投下資本の維持または投下資本の購買力に関心を有する場合に採用されなければなりません。

Chapter 2 概念フレームワーク

利益は，期中における株主への分配および株主からの出資を除き，期末の純資産の名目額が，期首の純資産の名目額を超える場合にだけ稼得されます。

貨幣資本の維持では，資本は名目貨幣単位または恒常購買力単位のいずれかによって測定されます。

⑵ **実体資本概念**

実体資本概念（physical concept of capital）では，資本は，例えば，1日当たりの生産量に基づいた企業の生産力とみなされます。

実体資本概念は，財務諸表の利用者が主に企業の操業能力に関心を有する場合に採用されなければなりません。

利益は，期中における株主への分配および株主からの出資を除き，期末の企業の物的生産力または操業能力が，期首の企業の物的生産力または操業能力を超える場合にだけ稼得されます。

実体資本の維持では，資産および負債の価格変動の影響に関しても資本としてみなしますので，**現在原価**による測定が求められます。

59

CHAPTER 3

財務諸表（IAS 1）

1 財務諸表の表示に関する会計基準
2 財務諸表の目的
3 財務諸表の構成
4 財務諸表作成に当たっての一般的事項
5 財政状態計算書
6 包括利益計算書
7 キャッシュ・フロー計算書

1 財務諸表の表示に関する会計基準

　本章では，国際会計基準における財務諸表の表示について，その概要を確認しましょう。財務諸表は，企業会計の基本中の基本であり，かつ，現在，会計基準のコンバージェンスの流れの中で，包括利益との関連で最も注目されている論点の1つといえます。

　国際会計基準においては，現行では，IAS 1「財務諸表の表示」（Presentation of financial statements）が財務諸表の表示の問題を取り扱っていますが，この表示の論点は，まさに今，改訂作業の真っ只中にあるホットな論点です。

　日本では，伝統的には『企業会計原則』，『企業会計原則注解』，そして，近年の新しい潮流においては企業会計基準委員会による企業会計基準第25号『包括利益の表示に関する会計基準』などがこの論点をカバーしています。

　大枠では，国際会計基準と日本基準とでは差異はありませんが，国際会計基準自体が大きな変革の中にあるため，今後，その動きに合わせて日本基準も大きな変革が必要となるかもしれません。

2 財務諸表の目的

　まず，国際会計基準では，財務諸表の目的をどのように捉えているのでしょうか。IAS 1は，以下の2つをあげています。

Chapter 3　財務諸表（IAS 1）

IAS 1における財務諸表の目的

(1)　経済的意思決定（economic decisions）を行う広い範囲の利用者に有用な**財政状態**（financial position），**経営成績**（financial performance）および**キャッシュ・フローに関する情報**を提供すること

(2)　委託された資源に対する経営者の**受託責任**（stewardship）の**結果を示すこと**

　上記のうち(1)が，いわゆる**意思決定支援機能**（decision facilitating role）ないし**投資意思決定有用説**と呼ばれる企業会計の機能に該当します。現代の企業会計の目的は，主にこちらにあるといわれていますが，国際会計基準では，これだけではなく，(2)の目的，つまりいわゆる**契約支援機能**（decision influence role）ないし**会計責任説**（accountability）と呼ばれる伝統的な機能にも言及している点が重要です。

3　財務諸表の構成

　では，上記の目的を達成するために，具体的にはどのような財務諸表が必要とされるのでしょうか。IAS 1 は，完全なワンセットの財務諸表として，以下の 6 つをあげています。

国際会計基準における財務諸表の構成

① 財政状態計算書

② 包括利益計算書

③ 所有者持分変動計算書

④ キャッシュ・フロー計算書

⑤ 重要な会計方針の要約およびその他の説明情報から構成される注記

⑥ 企業が会計方針を遡及適用する場合や財務諸表項目を遡及して修正再表示を行う場合には，比較対象期間のうち最も早い年度の期首時点の財政状態計算書

上記は，呼称は若干違うものの（①は貸借対照表，②は後述する2計算書方式では「**損益計算書**」および「**包括利益計算書**」，1計算書方式では「**損益及び包括利益計算書**」，③は株主資本等変動計算書と呼ばれています），内容的には現行の日本基準と大きな差異はないといってよいでしょう。

4 財務諸表作成に当たっての一般的事項

次に，国際会計基準に準拠して財務諸表を作成する上で従うべき一般的な注意事項は，一体何でしょうか。これについて，IAS 1は，以下のように，大きく8つの論点を掲げています。

Chapter 3 財務諸表（IAS 1）

財務諸表を作成する上で従うべき一般的事項

(1)　適正表示とＩＦＲＳへの準拠

(2)　継続企業

(3)　発生主義

(4)　重要性と集約

(5)　相殺

(6)　報告頻度

(7)　比較情報

(8)　表示の継続性

　ここでは(1)に注目しましょう。国際会計基準においては，財務諸表は，企業の財政状態，経営成績およびキャッシュ・フローを**適正に表示**するものでなければならないということ，および国際会計基準に準拠した財務諸表を作成する企業は，その旨を**開示**する必要があるということ，という２点が求められています。特に後者については，国際会計基準に準拠したといっても，一部の会計処理についてのみ準拠しているというのではなく，すべての会計処理について国際会計基準に準拠していなければならないという点が重要です。逆に言えば，一部の会計処理のみ国際会計基準を取り入れているという場合は，財務諸表が国際会計基準に準拠していると記述してはならないのです。

　なお，(1)に関連して，国際会計基準には**離脱規定**と呼ばれるものがあります。これは，国際会計基準に準拠することが，むしろ有用な情報提供に反する場合は，むしろ国際会計基準の規定から離れて（離脱して）異なる財務諸表の作成や表示の基準を適用しなければならないという規定です（その場合は，離脱した旨やその内容，影響額等を開示する必要があり

65

ます）。これは，日本基準にはない考え方です。すなわち，国際会計基準は，単に基準に準拠することそれ自体を目的とするのではなく，あくまで企業の実態を適正に表示することを財務諸表に求め，そのためには国際会計基準からの離脱も厭わないというスタンスをとっているのです。

5 財政状態計算書

　財政状態計算書（statement of financial position）は，日本基準でいう**貸借対照表**のことを指しますが，IAS 1では，最低限含めるべき項目として，以下のものをあげています。

財政状態計算書	
資産項目	負債項目
(a)　有形固定資産 (b)　投資不動産 (c)　無形資産 (d)　金融資産 (e)　持分法による投資 (f)　生物資産 (g)　棚卸資産 (h)　売掛金および未収入金 (i)　現金および現金同等物 (j)　IFRS 5の売却・処分目的のグループに分類された資産の合計額 (o)　繰延税金資産	(k)　買掛金および未払金 (l)　引当金 (m)　金融負債 (n)　未払税金 (o)　繰延税金資産 (p)　IFRS 5の売却・処分目的のグループに分類された負債
^^	純資産項目
^^	(q)　資本の部に表示される非支配持分 (r)　発行済の資本金および剰余金

　また，財政状態計算書においては，流動項目と非流動項目とを区分表示する必要があります。なお，このような流動・非流動の分類は基本的には日本基準と特に変わるところはありません。

66

Chapter 3　財務諸表（IAS 1）

　　ただし，このような区分は，現在の改正の流れの中で変わる可能性が
あります。先に述べた通り，財務諸表の表示に関しては，改訂作業が
進行中で，そこでは，財政状態計算書を流動・非流動の区分ではなく，
「事業」（営業資産・負債と投資資産・負債）と「財務」（財務資産・負債）
に分ける新しい区分が提唱されています。

6　包括利益計算書

　　次に，**包括利益計算書**（statement of comprehensive income）について
考えましょう。ここでは，包括利益という概念が重要です。IAS 1は，
包括利益を次のように定義しています。

> ## **包括利益 (Total comprehensive income) とは**
>
> ・持分権者との間の持分に関する取引以外の取引，および，その他
> 　の事象から生じる持分の変動
> ・**期間損益**（profit or loss）と**その他の包括利益**（other comprehen-
> 　sive income）からなる

　　誤解を恐れず，ごくシンプルにいえば，包括利益とは，増資や原資な
どのいわゆる資本取引を除く，企業のすべての価値の変動を指します。
ここでは，いわゆる伝統的な損益計算書における損益のほか，**その他の**
包括利益という概念が重要です。その他の包括利益とは，端的にいえば，
伝統的な損益の概念には含まれないものの，実態開示等その他の理由か
ら，評価替えなどが必要となった項目の評価替え差額などをいいます。

　　また，IAS 1では，包括利益を表示する計算書は，次の2つのうち，
いずれかの形式によるものとされています。

67

包括利益計算書の2タイプ

(a) 1計算書方式
(b) 2計算書方式

まず、(a)**1計算書方式**とは、当期純利益の表示と包括利益の表示を1つの計算書で行う形式をいいます。また、(b)**2計算書方式**とは、当期純利益を表示する損益計算書と、包括利益を表示する包括利益計算書からなる形式をいいます。現行制度では、2つの計算書の選択適用が可能です。

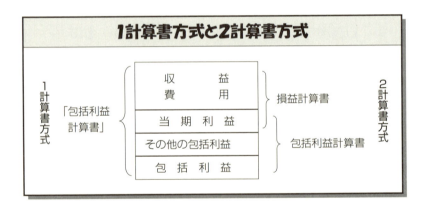

1計算書方式と2計算書方式

実は、この点は、現在の国際会計基準の改訂作業の流れの中で変わる可能性があります。すなわち、新しい公開草案「**その他の包括利益の表示**」の中で、実務上の便宜から、(a)1計算書方式に統一する方向性が示唆されています。

なお、日本でも、**企業会計基準第25号『包括利益の表示に関する会計基準』**において、国際会計基準の規定と整合的なルールが制定され、

包括利益計算書が導入されました。日本基準においても，現行の国際会計基準と同様，１計算書方式と２計算書方式の２つが併用されています。

　また，包括利益計算書の区分についても，現在の国際会計基準の大きな改訂作業の流れの中で，今後変更される可能性があります。具体的には，包括利益計算書のうち，損益計算の部分についても，**「事業」**（営業損益と投資損益）と **「財務」**（財務損益）の新しい区分が提唱されています（そしてそれに，その他の包括利益の計算区分がドッキングする体系が提唱されています）。

7 キャッシュ・フロー計算書

　最後に，キャッシュ・フロー計算書（statement of cash flow）ですが，これは，IAS 1ではなく，**IAS 7 『キャッシュ・フロー計算書』**（statement of cash flow）に詳細な規定がありますが，結論的に言えば，現行の国際会計基準におけるキャッシュ・フロー計算書は，日本基準（**『連結キャッシュ・フロー計算書等の作成基準』**）におけるそれと，大きく異なる点はありません。ただし，現在の大きな改訂作業の流れの中で，それが今後大きく変わる可能性があります。

　具体的には，国際会計基準におけるキャッシュ・フロー計算書のうち，**「営業活動によるキャッシュ・フロー」**の表示方法について，改訂の方向で議論が進んでいます。この点について，現行の国際会計基準では，（直接法を推奨しつつも）**直接法と間接法の両方を容認する方針**を採っています。また，日本基準も同様のスタンスです。しかしながら，現在の改訂作業の中で，国際会計基準では，**直接法のみを認める**（間接法は認めない）という方向性で議論が進んでいるのです。この点は，今後の推移を見守る必要がありますが，ともあれ，現在の国際会計基準は，コン

バージェンスやアドプションが進む今でも「現在進行形」であることは
いうまでもありません。

CHAPTER 4

収益認識（IFRS 15）

1 収益の定義

2 収益の認識

3 収益の測定

4 契約コスト

5 取引ごとの検討

1 収益の定義

収益認識は，IFRSの導入を検討している日本企業にとって，最も影響が大きいとされる領域の1つです。本章では，IFRSにおける収益認識の考え方を説明するとともに，日本の基準および会計実務との差異を具体的に示していくことにしましょう。

IFRSによれば，収益は，広義の収益（income）と狭義の収益（revenue）に区別され，狭義の収益には，通常の活動から生じる収益が含まれます（Appendix A）。本章で取り扱う収益は，こうした狭義の収益です。

IASBは，これまでのIAS 18 Revenue（収益）およびIAS 11 Construction contracts（工事契約）に代えて，2014年5月にFASBと共同開発したIFRS 15 Revenue from Contracts with Customers（顧客との契約から生じる収益）を公表し，その中で狭義の収益にかかる認識規準を規定しました。IFRS 15の公表にいたった背景には，IAS 18では，複雑な取引，例えば複数の要素からなる取引に対応することができなかったこと，アメリカと共通の網羅的な収益認識規準を開発することで，企業間の比較可能性を高めようとしていることなどがあります。

他方で，日本においては，収益認識は実現主義の原則に従うものとされ（「企業会計原則」二の3B），財またはサービスの引渡し，およびその対価としての現金・現金同等物の受領をもって収益を認識するとしているものの，現時点において，収益認識に係る詳細で網羅的な基準はありません（なお，ASBJから平成21年9月8日に「収益認識に関する論点整理」が公表されています）。

Chapter 4 収益認識（IFRS 15）

　しかし，基準はなくとも，これまで日本において行われている一般的な会計実務とIFRS 15との間にはいくつかの大きな差異があると思われます。例えば，取引の識別（identification of the transaction）や，値引きや返品，貨幣の時間的価値等を考慮した取引価格の決定などです。

　まずはIFRS 15の規定を収益の認識と測定に重点をおいて概観し，その上で具体的な取引を見ていくことにしましょう。

2　収益の認識

　収益の認識をめぐる最大の論点は，どの時点でいくらの収益を認識するのか，すなわち，収益の認識規準でしょう。

　IFRS 15における収益の認識規準によると，企業は，顧客に約束した財またはサービスの移転を，それとの交換で得られるだろう金額で表示しなければならないとし，そのためには，次の5つのステップを経る必要があるとしています（par.IN 7）。

第1ステップ：顧客との契約を識別する。
第2ステップ：契約における履行義務を識別する。
第3ステップ：取引価格を算定する。
第4ステップ：取引価格を契約における履行義務に配分する。
第5ステップ：企業が履行義務を満たしたときに収益を認識する。

　ここでの契約とは，財またはサービスを引き渡す義務と，その対価を請求する権利に関する複数の当事者間の合意であり，契約は，文書による場合もあれば，口頭による場合もありますし，企業の商慣行による合

73

意も含まれます。

第1ステップと第2ステップが収益の認識，第3ステップと第4ステップが収益の測定にかかわると考えられます。まず，第1ステップから第2ステップまでを簡単に見ていきましょう。

第1ステップでは，IFRS 15に基づいて収益認識できる契約かどうかを判断します。具体的には，IFRS 15の適用対象となるには，契約は，次の6つの要件を満たしていなければなりません（par.9）。

(a) 各当事者が契約を承認し，それぞれの義務の履行を約束していること

(b) 企業は，移転される財またはサービスについての当事者それぞれの権利を識別できること

(c) 企業は，移転される財またはサービスについての支払条件を識別できること

(d) 当該契約によって，企業の将来キャッシュフローのリスク，タイミング，金額が変動すると見込まれること

(e) 企業は，財またはサービスの交換とその対価を回収する可能性が高いこと

なお，複数の契約を単一の契約として処理しなければならない場合もあります（par.17）。

第2ステップでは，それぞれの契約において，どの時点で収益を認識できるかを判断します。

Chapter 4　収益認識（IFRS 15）

　まず，契約開始時点で，収益認識する単位，すなわち，契約において引渡しが約束されている財またはサービスについて，特にそれが複数の要素からなる場合に，それぞれを別個に会計処理するか，それともまとめて会計処理するかを識別します。ただし，個別に収益を認識できる財またはサービスは，次の要件を満たさないといけません（par. 27）。

(a)　顧客が当該財またはサービスそのものから経済的便益を得ることができる，または容易に入手可能な他の資源とともに，経済的便益を得ることができること

(b)　顧客に当該財またはサービスを引き渡す約束を，当該契約における他の約束と別個に識別可能であること

　言い換えれば，例えば，顧客に引渡しが約束されている財またはサービスが，当該契約において同様に約束されている他の財またはサービスと相互関連性が高い場合には，別個に収益認識できないことになります。

　次に，識別された収益認識の単位ごとに，顧客に約束した財またはサービスを移転し，履行義務を充足してはじめて，企業は収益を認識することができます（par. 31）。ここで問題になるのが，履行義務が一定期間にわたって充足されるのか，ある一時点で充足されるのかです。前者の一定期間にわたって履行義務が充足される契約とは，まさに工事契約（長期請負工事）が相当すると考えられます。

　次の２つの要件のうち１つを満たせば，財またはサービスに対する支配の移転，履行義務の充足が一定期間にわたって行われたとみなされ，したがって，収益の認識も一定期間にわたって行います。２つの要件のうちいずれの要件をも満たさない場合には，一時点で履行義務が充足さ

75

れたとみなされ，その時点で収益が認識されます。

(a) 企業の履行に応じて，顧客がその履行による便益を受領すると同時に消費する。

(b) 企業の履行により，資産が創出または増価され，こうした創出または増価された資産を顧客が支配する。

(c) 企業の履行により創出または増価された資産は，契約を交わした顧客に移転するしかほかに方法がなく，現在までに完了した履行に対して支払を受ける権利を有している。

　一定期間にわたって収益を認識する場合には，履行義務の完全な充足に向けて，そのうちどのくらい進捗したかを測定しなければなりません。進捗度の測定に際しては，現在までに完了した履行や達成した成果の評価などに基づくアウトプット法，費消した資源や労働時間に基づくインプット法があげられています（pars.B 14 – B 19）。

3 収益の測定

　次に，収益の測定にかかわる第3ステップと第4ステップを見ていきましょう。これまでに見てきたように，履行義務が充足されたときに，当該履行義務に応じた金額を収益として認識しますが，第3ステップではその収益の算定基礎となる取引価格を決定し，第4ステップでは取引価格を充足された履行義務にどのように配分するかを判断します。

　第3ステップで決定する取引価格とは，顧客に引き渡される財またはサービスと交換に企業が受け取ることができると見込む対価の額です。ただし，例えば売上税のような第三者のために回収する額は，当該額か

76

Chapter 4　収益認識（IFRS 15）

ら控除しなければなりません（par. 47）。

　また，取引価格の算定に際しては，次のすべての影響を考慮しなければならないとしています（par. 48）。

(a)　変動対価
(b)　契約における重要な財務要素
(c)　現金以外の対価
(d)　顧客に支払われる対価

▷変動対価

　契約の中で提示されている対価は，値引きやリベート，返金などの影響によって変動する場合があり，取引価格はこうした影響を考慮して決定しなければなりません。変動対価をどのように見積るかについて，期待値（確率加重額）または最頻値のいずれかを用いなければならないとしています（par. 52）。

▷契約における重要な財務要素

　企業が財またはサービスを顧客に引き渡す時点から，顧客が企業に対してその対価を支払う時点までが1年を超える場合，すなわち，長期前払や長期後払が発生する場合には，企業は約束した対価の金額を貨幣の時間的価値を反映するように調整しなければなりません。また，その際に発生した金利費用または金利収益は，包括損益計算書において顧客との契約による収益とは区別して表示しなければなりません（par. 65）。

77

▷現金以外の対価

　契約において顧客が現金以外の対価での支払を約束している場合には，当該対価を公正価値で測定しなければなりません。

▷顧客に支払われる対価

　顧客に支払われる対価がある場合には，取引価格から当該額を減額しなければなりません。

　第4ステップでは，複数の履行義務を有する契約がある場合に，第3ステップで決定した取引価格をそれぞれの履行義務に配分します。配分に際してその基礎となるのは，それぞれの履行義務の独立販売価格（stand-alone selling price）です。独立販売価格とは，企業が顧客に約束した財またはサービスを別個に販売した場合の価格とされています（pars. 76-77）。独立販売価格が入手できない場合には，企業は入手できるすべての情報をもとに当該価格を見積らなければなりません。もちろん，取引価格が変動する場合には，その変動分をそれぞれの履行義務に配分しなければなりません。

4　契約コスト

　企業が顧客との契約を履行するに当たって，さまざまなコストが発生します。例えば，顧客に契約通りのサービスを提供するための従業員の給料や物資，当該契約のために発生した下請会社への支払などがあります。こうしたコストについては，次のような要件を満たす場合にはそれを資産として認識しなければなりません。

Chapter 4　収益認識（IFRS 15）

> (a)　当該コストが契約に直接的に関連している。
>
> (b)　当該コストが，将来の履行義務の充足に必要な企業の資源を創
> 　　出または増価させる。
>
> (c)　当該コストの回収が見込まれる。

5　取引ごとの検討

　IFRS 15は，付録B（Appendix B）において，取引ごとに適用指針を
示しています。その中から，日本の会計実務と重要な差異があると思わ
れる取引について，それぞれ具体的な会計処理を見ていきましょう。

▷製品保証（pars.B 28－B 33）

　企業が製品の販売に関連して何らかの保証を行っている場合がよくあ
ります。例えば，性能通りに製品が機能することを保証する場合もあれ
ば，それに加えて，その保証に必要なサービスの提供を保証する場合も
あります。

　顧客がこうした製品保証を別個に購入するオプションを有している場
合には，企業は当該製品保証を製品そのものとは別個の履行義務として
収益認識しなければなりません。

▷代理取引（pars.B 34－B 38）

　顧客への財またはサービスの提供に際して他の当事者の関与がある場
合には，企業は，その約束している履行義務が，当該財またはサービス
そのものの提供にあるのか，または他の当事者が財またはサービスを提
供するための手配にあるのかを判断しなければなりません。前者の場合
には，企業は財またはサービスを提供する本人（principal）であり，財

79

またはサービスの引渡しと見込まれる対価の総額を収益として認識することができます。他方で，後者の場合には，企業は代理人（agent）であり，手配と見込まれる手数料を収益として認識しなければなりません。

▷ポイント付与（pars.B 39－B 43）

企業は，顧客に対して追加的な財またはサービスを無料または値引き価格で取得するオプションを付与している場合があります。その典型がポイントの付与でしょう。

オプションが顧客にとって重要な権利となっている場合には，顧客は実質的に将来の財またはサービスに対して前払いしていると考えることができます。したがって，こうした重要な追加的オプションを顧客に付与している企業は，将来の財またはサービスを引き渡した時点，またはオプションが消滅した時点に収益を認識しなければなりません。

▷ライセンス（pars.B 52－B 62）

ライセンスとは，顧客に付与された企業の知的財産をめぐる使用権です。収益認識に際して，まずは当該ライセンスを他の履行義務と一括して処理すべきか，または別個に処理すべきか，収益認識の単位を識別しなければなりません。

仮にライセンスにかかる履行義務を個別に処理する場合，一時点で収益を認識するのか，または一定期間にわたって収益を認識するのかが問題となります。IFRS 15は，ライセンスを次の2つに区別し，(a)については一定期間にわたって収益を認識し，(b)については一時点で収益を認識しなければならないとしています（par.B 56）。

Chapter 4　収益認識（IFRS 15）

(a) ライセンス期間にわたって存在する企業の知的財産へのアクセス権

(b) ライセンスが付与された時点で存在する企業の知的財産の使用権

CHAPTER 5

棚卸資産（IAS 2）

1 棚卸資産の定義とIAS 2の適用範囲

2 棚卸資産の測定

3 棚卸資産の原価

4 棚卸資産の原価配分方法

5 棚卸資産の正味実現可能価額

6 棚卸資産に係る開示

1 棚卸資産の定義とIAS 2の適用範囲

棚卸資産（inventories）は，IAS 2 Inventories（棚卸資産）において規定されていますが，日本は，IAS 2とのコンバージェンスに向けて，2006年に「棚卸資産の評価に関する会計基準」を公表し，その後，2008年の改訂を経て，今では，IAS 2と日本基準との間に，実質的な差異はほとんどないといわれています。

IAS 2は，棚卸資産を，次のように定義しています（par. 6）。

A　通常の事業の過程において販売を目的として保有されているもの

B　その販売を目的とする生産の過程にあるもの
　　　または

C　生産過程またはサービスの提供に当たって消費される原材料または貯蔵品

棚卸資産に相当するものとして，例えば，**再販用に保有する商品，再販用に保有される土地およびその他固定資産，企業が生産した完成品および生産途中にある仕掛品**などが含まれます（par. 8）。また，棚卸資産には**サービス**のように目に見えないものも含まれることに注意しましょう（par. 19）。

他方で，棚卸資産の定義を満たしていても，**請負工事契約**により発生する未成工事原価や農業活動に関連する生物資産・農産物はIAS 2の適用外となります（par. 2）。

84

Chapter 5　棚卸資産（IAS 2）

2　棚卸資産の測定

　棚卸資産は，**原価**（cost）**と正味実現可能価額**（net realizable value）**とのいずれか低い額**により測定しなければなりません（par. 9）。すなわち，**低価法の強制適用**です。棚卸資産の原価と正味実現可能価額については，以下で詳しく解説しましょう。

▷日本基準との差異

　低価法の適用により生じる評価損は，IAS 2によれば，次年度において評価減の原因がもはや存在しない場合，または正味実現可能価額が増加している場合には，当初の評価減の額を上限として，**戻し入れる**ことができるとしています（par. 33）。他方で，日本基準によれば，戻入れを行う方法（**洗替え法**）と戻入れを行わない方法（**切放し法**）のいずれかを棚卸資産の種類ごとに選択適用できるとしています（「棚卸資産の評価に関する会計基準」第14項）。

　当然のことながら，切放し法を採用している場合には，IAS 2と差異が生じることになります。

　なお，IAS 2によれば，評価減の**戻入額**（amount of reversal）は，戻入れを行った期間に費用として認識された棚卸資産の金額の減少として認識しなければなりません（par. 34）。

3　棚卸資産の原価

　棚卸資産の原価としては，購入原価，加工費，および棚卸資産が現在の場所および状態に至るまでに発生したその他の原価のすべてを含まなければなりません（par. 10）。

85

なお，**標準原価法**および**売価還元法**のような棚卸資産の原価を測定する方法は，その適用結果が原価と近似する場合においてのみ，簡便法として使用することが認められています（par.21）。このうち，売価還元法について，日本基準は，原価の測定方法としてではなく，原価の評価方法として先入先出法などと同様に取り扱っています（「棚卸資産の評価に関する会計基準」第6－2項）。

　農産物はIAS2の適用外ではありますが，農産物については，その原価は，収穫時における**見積販売費用控除後の公正価値**により測定されます（par.20）。

▷購入原価
　購入原価（costs of purchase）とは，**購入代価**，**輸入関税**およびその他の税金，完成品，原材料およびサービスの取得に直接関係する運送費，荷役費などの費用をいいます（par.11）。ただし，**値引**および**割戻**は購入原価には含まれません（par.11）。

▷加工費
　加工費（costs of conversion）には，**直接労務費**のような，生産単位に直接関係する費用と，工場・設備の減価償却額のような，**製造間接費の配賦額**も含まれます（par.12）。製造間接費の加工費への配賦は，固定製造間接費については生産設備の正常生産能力に基づいて，変動製造間接費については生産設備の実際使用量に基づいて行われます（paras.13－14）。

▷その他原価
　その他の原価には，棚卸資産が現在の場所および状態に至るまでに発生したものに限り，棚卸資産の原価に含まれます。IAS2によれば，そ

Chapter 5　棚卸資産（IAS 2）

の他原価のうち棚卸資産の原価に含まれるものとして，例えば，特定の顧客のために発生する非製造間接費または製品設計費用があげられています（par. 15）。

　ただし，次の項目は，棚卸資産の原価に含まずに，発生した期に費用として処理することが求められています（par. 14）。

A　仕掛に係る材料費・労務費・その他の製造費用のうち異常な金額

B　保管費用

C　棚卸資産が現在の場所または状態に至ることに寄与しない管理部門の間接費

D　販売費用

4　棚卸資産の原価配分方法

　IAS 2によれば，棚卸資産の原価は，**個別法**（individual costs），**先入先出法**（first-in, first-out），**加重平均法**（weighted average cost）に基づいて配分されなければなりません。IAS 2では後入先出法の使用は認められていません（日本の会計基準も2008年の改正によって後入先出法は認められなくなりました）。

　代替性がない棚卸資産の原価および特定のプロジェクトのために製造され，かつ他の棚卸資産から区分されている財・サービスに対しては，**個別法**が適用されます（par. 23）。それ以外の棚卸資産に対しては，**先入先出法**および**加重平均法**のいずれかが適用されます（par. 25）。

87

企業にとって，同じ性質および使用方法が類似する棚卸資産には，同じ原価配分方法が適用されなければなりません（par. 25）。しかし，例えば，同じ種類の棚卸資産であっても，それぞれ異なるセグメントで保有されている場合には，1つの企業の中で同じ種類の棚卸資産であっても使用方法が異なることも考えられるでしょう。そこで，同じ種類の棚卸資産に対して異なる原価配分方法を適用することが認められる場合もあります（par. 26）。

5 棚卸資産の正味実現可能価額

正味実現可能価額とは，通常の事業の過程における予想売価から，完成までに要する見積原価および販売に要する見積費用を控除した額をいいます（par. 6）。正味実現可能価額の見積りは，棚卸資産によって実現すると見込まれる金額について，見積りを行う時点において入手可能な，もっとも信頼し得る証拠に基づいて行われます。

例えば，価格または原価が決算日以降に発生した事象によって変動する場合であっても，決算日時点に当該事象がすでに存在していたという状況を確認できるのであれば，当該事象は正味実現可能価額の見積りに当たって考慮されることになります（par. 30）。

▷棚卸資産のグルーピング

棚卸資産については，通常，個別の品目ごとに正味実現可能価額まで評価減します。しかし，IAS 2によれば，例えば，目的または最終的な利用方法が類似しており，同一地域で生産および販売され，かつその生産ラインの他の品目と実務上別個に評価できないような同一生産ラインにおける棚卸資産については，同種または関連品目グループごとに評価減を行う方が適切な場合があるとしています（par. 29）。

Chapter 5　棚卸資産（IAS 2）

▷原材料および貯蔵品の正味実現可能価額

　棚卸資産の生産に使用する目的で保有される**原材料（materials）**および貯蔵品（**supplies**）は，それをもとに生産される製品が原価以上の金額で販売されると見込まれる場合には，評価減は行いません。しかし，原材料価格の下落により，製品の正味実現可能価額が原価よりも低くなることが示唆されるのであれば，原材料はその正味実現可能価額まで評価減します（par. 32）。

6　棚卸資産に係る開示

　IAS 2によれば，企業は，棚卸資産に関連して，次の事項を開示しなければなりません。

A　原価配分方式はもとより棚卸資産の評価に当たって採用した会計方針

B　棚卸資産の帳簿価額の合計金額およびその企業に適した分類ごとの帳簿価額

C　販売費用控除後の公正価値で計上した帳簿価額

D　期中に費用として認識された棚卸資産の額

E　期中に費用として認識された棚卸資産の評価減の額

F　評価減の戻入額

G　評価減の戻入れの原因となった状況および事象

H　負債の担保に供されている棚卸資産の帳簿価額

89

CHAPTER 6

有形固定資産（IAS 16）

1　IAS 16「有形固定資産」の理解のポイント

2　有形固定資産の定義と認識規準

3　有形固定資産の当初測定　－取得原価の測定－

4　有形固定資産の認識後の測定　－原価モデルと再評価モデル－

5　再評価モデル選択後の会計処理および開示

6　減価償却

7　有形固定資産の認識の中止

　（有形固定資産の減損については，CHAPTER 11「減損」（IAS 36）

で取り扱います）

1 IAS 16「有形固定資産」の理解のポイント

IFRSにおいては，有形固定資産に関する基準は，**IAS 16「有形固定資産（property, plant and equipment）」**（以下「IAS 16」という）で取り扱っています。IAS 16は，1993年に公表された後，数次の修正・改訂を経て現在に至っています。ここでは，2014年1月1日時点で公表・修正済みのIAS 16（第1項～第83項）に基づいて，IFRSにおける有形固定資産会計基準を説明していきたいと思います。なお，文中の括弧内の数字は，当該IAS 16における項目番号を示しています。

有形固定資産に関して，IFRSと日本の会計基準との相違点で最も大きいものに，その**測定基準**としてどのような属性を選択し得るか，という点があります。有形固定資産の測定基準として，**日本の会計基準では原則として取得原価しか選択できません。**対して**IFRSでは**，取得原価に加えて**公正価値も選択できます。**ここが，有形固定資産会計における，IFRSと日本の会計基準との最も大きな相違点です。公正価値を選択する場合，**公正価値モデル**というモデルを選択することになります。しかしながら，この公正価値モデルという測定方法は，現在の日本の会計基準にはない方法です。

さらに，減価償却についての基本的な考え方も，IFRSと日本の会計基準との間には相違があります。特に，IFRSにおける減価償却規定の特徴として，**「資産の経済的便益の消費パターンを反映しなければならない」**ということがあげられます。この規定によるならば，償却方法はもちろん，耐用年数あるいは残存価額についても，時々の経済的実態に応じて変更していくことが求められます。以上のような，日本の会計基準にはないIFRS独特の基本思考を理解していくことが，IAS 16を理解するポイント・早道だと考えられます。

Chapter 6　有形固定資産（IAS 16）

2　有形固定資産の定義と認識規準

　まず，IAS 16では，基準の目的を「**財務諸表の利用者が企業の有形固定資産に対する投資**およびその変動に関する情報を把握できるように，有形固定資産の会計処理を定めること」（1）にあるとしています。さらに，有形固定資産の会計処理における主要な論点を3つあげています。それは，**①資産の認識**，**②帳簿価額の算定**，**③認識すべき減価償却費**および**減損損失**の3つです。ここではまず，①資産の認識を見ていくことにしましょう。IAS 16では，有形固定資産について以下のように定義しています。

有形固定資産の定義（**6**）

⒜　財またはサービスの生産または供給への使用，外部への賃貸，あるいは管理目的のために企業が保有するものであり，かつ

⒝　一会計期間を超えて使用されると予想されるもの

　さらに，IAS 16では有形固定資産の認識規準として，次の場合に限り有形固定資産項目の取得原価を資産として認識しなければならないと定めています。

有形固定資産の認識規準（**7**）

⒜　将来の経済的便益が企業に流入する可能性が高い，かつ

⒝　取得原価（cost）が信頼性をもって測定できる

93

3 有形固定資産の当初測定 －取得原価の測定－

　定義を含め前記２つの認識規準を満たす場合，当該有形固定資産項目の**取得原価**が，資産として認識されなければなりません。

　IAS 16では，有形固定資産の**取得原価の測定**について，基本的に，当該資産取得のために支出した「**現金もしくは現金同等物の金額，または他の引き渡した対価の公正価値**」によるものとしています（6）。さらに，有形固定資産の取得原価について以下のものから構成されるとしています。

有形固定資産の取得原価を構成するもの（16）

(a)　値引および割戻控除後の**購入価格**

(b)　設置費用のように，経営者が意図した方法で稼働可能な状態にするために必要な**直接付随費用**

(c)　当該資産の**解体および除去費用**，ならびに**敷地の原状回復費用**，さらに取得時または特定期間に棚卸資産の生産以外の目的で当該**有形固定資産を使用した結果生ずる債務**等の当初見積額

　IAS 16では，交換により取得した有形固定資産の測定についても別に定めています。**交換取引**については，基本的に，**取得資産を公正価値**（fair value）で測定することを定めています（24）。この点は，日本基準とは異なります。

　上記の場合，受領資産または譲渡資産の公正価値が信頼性をもって測定できる場合には，受領資産の公正価値がより明らかとなる場合は別として，**譲渡資産の公正価値をもって受領資産の取得原価を測定**するために使用します（26）。なお，公正価値測定が不可能な場合には，譲渡資

Chapter 6　有形固定資産（IAS 16）

産の帳簿価額が当該資産の取得原価として測定されます (24)。

4　有形固定資産の認識後の測定　－原価モデルと再評価モデル－

IAS 16では，認識後の測定について，有形固定資産の１つの種類全体に対して原価モデル（cost model）あるいは再評価モデル（revaluation model）を選択し，適用しなければならないとしています (29)。原価モデルは，認識後の測定については日本の会計基準と変わりないものです。これに対して，日本の会計基準にはないIFRS独特の規定が，再評価モデルです。ここでは，原価モデルの確認後，この再評価モデルを詳しく見ていくことにしましょう。

▶原価モデル

原価モデルとは，有形固定資産項目を資産として認識した後は，取得原価から減価償却累計額および減損損失累計額を控除した価額で計上しなければならないとするものです (30)。

原価モデル：取得原価－（減価償却累計額＋減損損失累計額）

▶再評価モデル

IAS 16では，再評価モデルを次のように規定しています。「資産として認識した後，公正価値が信頼性をもって測定できる有形固定資産項目は，再評価額（再評価日現在の公正価値から，その後の減価償却累計額およびその後の減損損失累計額を控除した額）で計上しなければならない。再評価は，帳簿価額が報告期間の末日現在の公正価値を用いて算定した場合の帳簿価額と大きく異ならないような頻度で定期的に行わなければならない」(31)。

95

> 再評価モデル：再評価実施日における**公正価値**
> －（その後の減価償却累計額＋その後の減損損失累計額）

　再評価モデルを選択した場合，有形固定資産の公正価値を再評価実施日ごとに測定する必要があります。この**再評価実施**の間隔・頻度について，IAS 16では「**再評価する有形固定資産の公正価値の変動に左右される**」(34) としています。つまり，公正価値にわずかな変動しか生じない有形固定資産項目については，毎年の再評価は必要なく，その代わりに例えば3年から5年ごとの評価で十分ということです (34)。

　IAS 16では，「ある有形固定資産項目を再評価する場合には，**当該資産の属する種類（class）の有形固定資産全体を再評価しなければならない**」(36) としています。ここでいう「種類」とは，「企業の事業活動において，性質および使用目的の類似した資産の**グループ**」(37) を意味しており，例えば，「土地」や「機械装置」や「車両」といったものがそれに当たります。したがって，例えば企業の保有する車両の一車種のみを再評価することはできず，このような場合，「車両グループ」全体を再評価しなければなりません。

　以上のように，日本の会計基準では有形固定資産の評価基準として，取得原価しか選択できないのに対して，IFRSでは，取得原価に加えて，公正価値も選択できます。ここが，有形固定資産会計において，IFRSと日本の会計基準との最も大きな相違点です。

Chapter 6　有形固定資産（IAS 16）

5　再評価モデル選択後の会計処理および開示

　IAS 16では，再評価モデルを選択したことにより資産の帳簿価額が増加する場合について次のように定めています。

　「資産の帳簿価額が再評価の結果として増加する場合には，その増加額は**その他の包括利益**に認識し，**再評価剰余金**（revaluation surplus）の科目名で**資本**に累積しなければならない。ただし，当該増加額は過去に純損益に認識した同じ資産の再評価による減少額の戻入れとなる範囲では，純損益に認識しなければならない。」(39)。

　上記とは逆に，再評価モデルを選択したことにより資産の帳簿価額が減少する場合について次のように定めています。

　「資産の帳簿価額が再評価の結果として減少する場合には，その減少額を**純損益**（profit or loss）として認識しなければならない。ただし，再評価による減少額は，その資産に関する再評価剰余金の貸方残高の範囲で，その他の包括利益に認識しなければならない。その他の包括利益に認識した減少額は，再評価剰余金の科目名で資本に累積されている金額を減額する。」(40)。

　IAS 16では，**再評価剰余金**について，次のように定めています。

　「有形固定資産項目に関連して資本に含まれている**再評価剰余金は，資産の認識の中止時に，直接，利益剰余金に振り替えられることができる。**」(41)。ここで「直接」とは，「純損益を通すことなく」という意味です。

97

前記のように，IFRSに基づき再評価モデルを選択した場合，**公正価値評価額が帳簿価額を超過した場合**の当該差額は原則として**資本の部**に計上することになります。逆に，**公正価値評価額が帳簿価額以下**ならば，当該差額は原則として**純損益**として取り扱われることになります。

　両方の場合とも，「ただし」以下の例外規定はありますが，まずは原則（当該差額が「増加」なら「資本」，「減少」なら「純損益」）に注目しましょう。

　なお，IAS 16では，有形固定資産項目が再評価モデルに基づく再評価額で計上されている場合，IFRS 13で要求している開示に加えて，次の事項を開示しなければならないとしています（77）。

　イ　再評価の実施日
　ロ　独立した鑑定人の関与の有無
　ハ　再評価したそれぞれの種類の有形固定資産について，当該　　資産を原価モデルで計上していたとした場合に認識したで　　あろう帳簿価額
　ニ　再評価剰余金（当該期間の再評価剰余金の変動および株主　　への配当制限を示す）

---

6 減価償却

　IAS 16では，重要性が認められる場合，なるべく個別に減価償却を行うことを指向しています。それについては，次のように定めています。

　「ある有形固定資産項目の**取得原価の合計額に比して重要な各構成部**

分は，**個別に**（separately）減価償却しなければならない。」(43)。これ
について，IAS 16では航空機を例にあげて説明しています。そこでは，
航空機の場合，航空機の機体部分とエンジン部分を，個別に減価償却す
ることが適切となる場合があるとしています (44)。

IAS 16では，**減価償却方法**について，**定額法，定率法，生産高比例法**
の３つを具体的にあげています (62)。日本の会計基準（企業会計原則注
解20）では，定額法，定率法，級数法をあげていますので，少し違いが
あることになります。しかし，より重要なのは列挙された減価償却方法
の違いではなく，減価償却方法についてのIFRSによる次のような定め
です。

> 「使用される減価償却方法は，資産の将来の経済的便益を企
> 業が消費すると予想されるパターンを反映するものでなければ
> ならない。」(60)。

IAS 16では続けて，「資産に適用する**減価償却方法**は，**少なくとも各
事業年度末には再検討を行い**，当該資産に具現化された将来の経済的便
益の予想される消費パターンに著しい変化があった場合には，当該方法
をその**変化後のパターンを反映するように変更**しなければならない。」
(61) と定めています。

IAS 16では，残存価額と耐用年数についても，次のように定めてい
ます。「資産の**残存価額と耐用年数**は，**少なくとも各事業年度末に再検
討**」(51) しなければならない。よって，償却方法だけでなく，残存価
額や耐用年数も対象資産の経済的実態に応じて，少なくとも各事業年度
末に見直すことが求められます。

99

重要なことは，耐用年数の決定に当たっては，当該資産がもたらす将来の経済的便益に，どのような減少要因があるかをすべて考慮しなければならないということです（56(a)～(d)）。ただし，IAS 16では続けて「資産の耐用年数の見積りは，同様の資産を有する企業の**経験に基づく判断**の問題である。」（57）と結んでいます。

これまで見てきたように，IFRSの定める減価償却の特徴としては，**「経済的便益の予想消費パターン」**を反映しなければならないということがあげられます。最後にもう一度，IFRSの定める減価償却の特徴をまとめておきます。

IFRSの定める減価償却の特徴

・　使用される減価償却方法は，資産の将来の経済的便益を企業が消費すると予想されるパターンを反映するものでなければならない（60）。

・　資産の残存価額と耐用年数，および資産に適用する減価償却方法は，少なくとも各事業年度末には再検討を行わなければならない。特に減価償却については，将来の経済的便益の予想される消費のパターンに著しい変化があった場合には，その変化後のパターンを反映するように変更しなければならない（51，61）。

---

7 有形固定資産の認識の中止

IAS 16では，有形固定資産会計の説明において，「**認識の中止（derecognition）**」という聞きなれない用語が出てきます。「認識」とは「財務諸表への計上」なのですから，「認識の中止」とは「財務諸表から除く」ことを意味することになります。

100

Chapter 6　有形固定資産（IAS 16）

　ここで問題となるのは，ある有形固定資産項目を**いつ**財務諸表（貸借対照表）から**除くのか**，という**時**（when）の問題です。IAS 16では，次の場合に，有形固定資産項目の帳簿価額の認識を中止しなければならないとしています。

有形固定資産の認識を中止する「時」(67)
(a) 処分時
(b) その使用または処分から，将来の**経済的便益**が何ら期待されなくなった時

　ここで注目されるのは，売却等の処分時だけでなく，将来の経済的便益が期待されなくなった時においても，有形固定資産は認識を中止しなければならないということです。

　続けてIAS 16では，「**有形固定資産項目の認識の中止から生じる利得または損失**は，当該資産項目の認識中止時に**純損益**に含めなければならない」（68）としています。さらに，「有形固定資産項目の認識の中止から生じる利得または損失は，**正味処分収入**（もしあれば）と当該資産項目の帳簿価額との**差額**として算定しなければならない。」（71）としています。これは，日本の会計基準における固定資産売却損益と同様の会計処理を求めていると考えられます。

101

CHAPTER 7

無形資産（IAS 38）

1　IAS 38「無形資産」の理解のポイント

2　無形資産の定義　－識別可能性を中心に－

3　無形資産の認識　－2つの認識規準－

4　無形資産の取得と当初測定

5　取得した無形資産の認識後の測定

6　自己創設無形資産の認識と測定　－開発局面の支出を中心に－

7　無形資産の耐用年数

8　無形資産の開示

1 IAS 38「無形資産」の理解のポイント

　IFRSでは，無形資産に関する基準は，IAS 38「**無形資産 (intangible assets)**」（以下「IAS 38」とする）で取り扱っています。IAS 38は，1998年に公表された後，2004年および2008年の改訂を経て現在に至っています。ここでは，2014年1月1日時点で公表・修正済みのIAS 38（第1項～第133項）に基づいて，IFRSにおける無形資産の会計基準を説明していきたいと思います。なお，文中の括弧内の数字は当該IAS 38における項目番号を示しています。

　無形資産に関して，IFRSと日本の会計基準との相違点で最も大きいものに，**研究開発費**の会計処理があります。日本の会計基準では，研究費も開発費もともに発生した期に費用処理します。これに対しIFRSでは，研究費は費用処理しますが，**一定の要件をクリアした開発費は資産に計上しなければなりません。**

　さらに，**無形資産の償却処理**にも，IFRSと日本の会計基準との相違があります。日本の会計基準では，無形資産は規則的に償却することになっています。一方IFRSでは，耐用年数が確定できる無形資産は規則的に償却しますが，**耐用年数が確定できない無形資産は償却を行わず減損処理**のみ行います。さらにIFRSでは，有形固定資産と同様に，**公正価値による再評価モデル**が選択できます。日本の会計基準は，再評価モデルを認めていません。

　以上のように，IFRSでは，**開発費を資産計上**したり，**耐用年数の確定できない無形資産は非償却**としたり，**公正価値による再評価**を行ったりします。このような日本基準とは異なる処理を把握することが，IFRSによる無形資産を理解するポイント・早道だと考えられます。

104

Chapter 7　無形資産（IAS 38）

2　無形資産の定義　−識別可能性を中心に−

　企業は，コンピュータのソフトウェア，特許，著作権，映画フィルム，顧客名簿，モーゲージ・サービス権，漁業免許，輸入割当額（量），独占販売権のような無形の資源を有しています。しかしながら，これらの無形の資源がすべて「無形資産」となるわけではありません。

　無形資産として認識されるためには，**無形資産の定義を満たす必要**があります。IAS 38では，無形資産を定義する前に，以下のように「資産」の定義を行っています。

　資産とは，次の条件を満たす資源をいいます（8）。

　(a)　過去の事象の結果として企業が支配（controll）し，かつ

　(b)　将来の経済的便益が企業に流入することが期待される

　さらに続けて，IAS 38では，無形資産を次のように定義しています（8）。

　無形資産とは，**物理的実体のない識別可能な（identifiable）**非貨幣性資産をいう。

　上記の無形資産および資産全体の定義から，企業の有する無形の資源のうち，「無形資産」として**認識されるのに必要な定義**は次の３つであることが分かります。

105

無形資産として認識されるのに必要な3つの定義 (10)

① 識別可能であること

② 資源を支配していること

③ 将来の経済的便益が存在していること

① 識別可能であること

上記3つのうち鍵となる考え方が，**識別可能性**（identifiability）です。**識別可能性は**，識別可能である「**無形資産**」と，個別に識別できず，かつ独立して認識できない「**のれん**（goodwill）」**とを区別する規準**です。

資産が**識別可能**なのは，次のいずれかの場合です（12）。

> (a) **分離可能**（separable）である場合。すなわち，企業から分離または分割して，単独でまたは関連する契約，識別可能な資産もしくは負債とともに，売却，移転，権利供与，賃貸または交換することができる場合。そうする意図が企業にあるかどうかは問わない。
>
> (b) **契約またはその他の法的権利**（legal rights）から生じている場合。当該権利が譲渡可能なのかどうかや，企業または他の権利および義務から分離可能なのかどうかは問わない。

上記をまとめれば，「無形資産」と「のれん」とを分離する**識別可能性**は，他の資産から**分離可能であるか，または法的権利であるか**，どちらかにより判断されることになります。

106

Chapter 7　無形資産（IAS 38）

② 資源を支配していること

企業は，対象となる資源から生ずる将来の**経済的便益を獲得する力を有している**こと，かつそれらの便益への**他者のアクセスを制限**できる場合，資産を**支配**しているといえます（13）。

つまり，対象資産の将来の経済的便益を独占的に獲得できる場合，その資産を**支配**しているといえるのです。

③ 将来の経済的便益が存在していること

収入増加だけでなく**費用削減**も，将来の**経済的便益の存在**に含まれます（17）。

3　無形資産の認識　－2つの認識規準－

無形資産としてある項目を認識するには，その項目が次の双方に合致することを立証する必要があります（18）。

(a) 無形資産の**定義**（definition）

(b) 無形資産の**認識規準**（recognition criteria）

「(a)**無形資産の定義**」についてはすでに，①**識別可能性**，②資源に対する**支配**，③将来の**経済的便益の存在**，を満たすことであるということを学びました。ここでは，無形資産の認識のもう１つの条件である，「(b)無形資産の**認識規準**」について学ぶことにしましょう。

無形資産は以下の認識規準を満たす場合に，認識しなければなりません。

107

無形資産の認識規準（21）
(a)　当該資産に起因する，期待される将来の経済的便益が企業に流入する可能性が高く（probable），かつ
(b)　当該資産の取得原価を，信頼性をもって（reliably）測定することができる。

　上記(a)は，経済的便益流入の「確実性に関する認識規準」であり，(b)は，測定の「信頼性に関する認識規準」であるといえます。

　ある項目が無形資産として認識されるためには，無形資産の定義，および上記２つの無形資産の認識規準のすべてに合致する必要があります。

4　無形資産の取得と当初測定

　IAS 38では，無形資産に対する認識・測定の基準について，「無形資産を外部から取得する場合」と，「企業内部で創出する場合」とに分けて設定しています。最初に，無形資産を外部から取得する場合における当初測定について説明します。

　無形資産を外部から取得する方法については，①「個別の取得」，②「企業結合の一部としての取得」，③「政府補助金による取得」，④「資産の交換による取得」の４つの取得方法が示されています。それぞれの取得方法における当初測定について，以下で示します。

　①　「個別の取得（separate acquisition）」…取得原価
　　　個別に取得した無形資産の原価は，(a)購入価格と，(b)意図する利

Chapter 7　無形資産（IAS 38）

用のために資産を準備するための費用から構成されます（27）。

② 「企業結合の一部としての取得」…取得原価（ただしこの場合の取得原価とは，**取得日現在の公正価値を指します**）

上記を理解してもらうために，IAS 38の第33項を次に見てみましょう。「IFRS第3号『企業結合』に従って，**無形資産を企業結合で取得する場合には，当該無形資産の取得原価は取得日現在の公正価値である**」（33）。

③ 「政府補助金による取得」…**公正価値**（が選択可能）（44）

④ 「資産の交換による取得」…取得原価（ただし，この場合の取得原価とは，原則として，**引き渡した資産の公正価値を指します**）（45，47）。

5　取得した無形資産の認識後の測定

前述したように，企業が無形資産を取得した場合，これら**取得した無形資産**は基本的に**取得原価**（ここでは公正価値も含む）で**当初測定**されます。

取得した無形資産の測定の最大のポイントは，認識後の測定に，**公正価値を用いる「再評価モデル（revaluation model）」の選択が認められている**点であり，ここが日本基準と大きく異なる点となります。以下では，無形資産の当初測定と，認識後の測定を説明します。

・取得した無形資産の**当初測定**（の原則）

無形資産は，**取得原価で当初測定**しなければなりません（24）。

109

・取得した無形資産の**認識後の測定**

　企業は，**原価モデル**か，または**再評価モデル**のいずれかを，選択しなければなりません（72）。各モデルにおける測定は次のようになります。

原価モデル：取得原価－（償却累計額＋減損損失累計額）

再評価モデル：再評価日の公正価値－（再評価日以降の償却
　　　　　　　累計額＋再評価日以降の減損損失累計額）

　再評価モデルにおける公正価値評価は，**活発な市場**を参照して決定しなければなりません。また，再評価の結果，**無形資産の帳簿価額が増加**する場合は「**その他の包括利益（再評価剰余金）**」として，**減少する場合**は「**費用**」として認識しなければなりません（85，86）。なお，それぞれについて，有形固定資産と同様の例外規定が設けられています。

6　自己創設無形資産の認識と測定 －開発局面の支出を中心に－

　既述のように，IAS 38では，無形資産に対する認識・測定の基準を，外部から取得する無形資産と，企業内部で創出する無形資産（これを「**自己創設無形資産（internally generated intangible assets）**」という）とに分けて設定しています。

　自己創設無形資産については，本当に将来の経済的便益を生み出す識別可能な資産が存在するのか，またそのような資産の取得原価について信頼性をもって算定できるのか，といった困難な問題があります。そこで**自己創設無形資産については**，これまで見てきた無形資産についての一般的な定めとは別に，特別な定めが設定されています。以下において，この特別な定めについて説明します。

Chapter 7　無形資産（IAS 38）

　自己創設無形資産が認識規準を満たすかどうかを判定するため，企業は当該資産の創出過程を次のような局面に特別に分類し（52），それぞれの局面における認識について定めています。

(a)　研究局面（research phase）
(b)　開発局面（development phase）

(a)　**研究局面**

　研究（または内部プロジェクトの研究局面）**から生じた無形資産は，認識してはなりません。研究**（または内部プロジェクトの研究局面）**に関する支出は，発生時に費用として認識しなければなりません**（54）。

　つまり，まだ初期段階の基礎的な**研究局面における支出**は，将来の経済的便益の流入の可能性が高いことを立証できないので，発生時に全額**費用処理**されなければならないことになります。

(b)　**開発局面**

　<u>開発</u>（または内部プロジェクトの開発局面）<u>から生じた無形資産は，企業が次のすべてを立証できる場合に，かつ，その場合にのみ，認識しなければなりません</u>（57）。

111

開発費の無形資産認識要件 (57)

(1) 使用または売却に利用できるように無形資産を完成させることの，技術上の実行可能性

(2) 無形資産を完成させて，使用するかまたは売却するという意図

(3) 無形資産を使用または売却できる能力

(4) 無形資産が可能性の高い将来の経済的便益を創出する方法。とりわけ企業は，無形資産による産出物または無形資産それ自体の市場の存在，あるいは，無形資産を内部で使用する予定である場合には，当該無形資産の有用性を立証できること。

(5) 無形資産の開発を完成させ，さらにそれを使用または売却するために必要となる，適切な技術上，財務上およびその他の資源の利用可能性

(6) 開発期間中の無形資産に起因する支出を，信頼性をもって測定できる能力

　要約すると，商業ベースの使用開始直前における開発局面の支出（開発費）は，前記6要件をすべて立証できればという条件付きで，無形資産として認識しなければならないことになります。

　なお，自己創設無形資産の取得原価は，当該無形資産が発生可能性および測定の信頼性に関する2つの一般的認識規準，および前記開発局面における6つの特別な認識規準すべてを，最初に満たした日以降に発生する支出の合計となります (65)。

112

Chapter 7　無形資産（IAS 38）

7　無形資産の耐用年数

　無形資産の会計処理は，耐用年数を基本とします（89）。企業は無形資産の耐用年数が確定できるかまたは確定できないかを査定する必要があります。無形資産が，企業に対して正味のキャッシュ・インフローをもたらすと期待される期間について予見可能な限度がない場合，当該無形資産の耐用年数は確定できないとみなされます（88）。

　無形資産の会計処理については，「耐用年数を確定できる無形資産（intangible assets with finite useful lives）」と「耐用年数を確定できない無形資産（intangible assets with indefinite useful lives）」に分けて考える必要があります。

耐用年数を確定できる無形資産

　耐用年数を確定できる無形資産の償却可能価額は，当該資産の耐用年数にわたり規則的に配分しなければならない（97）。

　償却方法には定額法，定率法および生産高比例法が含まれ，償却方法の適用に当たっては，予想される将来の経済的便益の消費パターンを反映しなければなりません。なお，そのパターンを信頼性をもって決定できない場合には，定額法を採用しなければなりません（97）。

　残存価額については，耐用年数終了時における第三者購入約定があるか，あるいは活発な市場が存在し残存価額が決定可能である場合を除き，ゼロと推定しなければならないとされます（100）。

113

IFRSでは，無形資産の会計処理について，耐用年数を確定できるか
できないかでその処理を区別しています。この点が，日本の会計基準と
の違いになります。ただし，先に見た耐用年数を確定できる無形資産の
会計処理については，日本の会計基準で定めるところと大きな違いはあ
りません。大きな違いがあるのは，耐用年数を確定できない無形資産の
会計処理についてです。

以下で，IFRSにおける「耐用年数を確定できない無形資産の会計処
理」を学んでいきましょう。まずは，結論から先に示します。

耐用年数を確定できない無形資産

耐用年数を確定できない無形資産は，償却してはならず，減損テ
ストを行う必要があります（107, 108）。

IFRSでは，「耐用年数を確定できる無形資産」は償却が必要とされま
すが，「耐用年数を確定できない無形資産」は償却が禁止されているこ
とになります。特に後者の理由について，「結論の背景（BC, Basis for
Conclusions）」で以下のように説明しています。

「償却は，資産に具現化された将来の経済的便益の期間にわたる費消
を反映するための，残存価額控除後の資産の原価（または再評価額）の計
画的配分である。したがって，企業が資産に具現化された将来の経済的
便益を費消することを期待する期間について，予見可能な限度が存在し
ない場合，当該資産を，例えば恣意的に算定した最長期間にわたって償
却することは，忠実な表現とはならないであろう。」（BC 74）。

114

Chapter 7　無形資産（IAS 38）

　つまり，IFRSでは，耐用年数を確定できない無形資産を恣意的に決定した期間で償却しても，それは忠実な表現とはならないと考えられていることになります。

8　無形資産の開示

　企業は，**無形資産の種類ごとに**，さまざまな事項を**開示しなければな**りません。その際，**自己創設無形資産とその他の無形資産とを区別し**なければなりません。自己創設無形資産は，既述のように困難な問題を抱える無形資産ですから，やはり他の無形資産とは区別する必要があるのです。

　開示しなければならない事項の筆頭は，「耐用年数」についてです。企業は「**耐用年数が確定できないのか確定できるのか，また，確定できる場合には，採用している耐用年数**又は償却率」(118(a)) をまず開示しなければなりません。

　これに対して，「耐用年数を確定できない無形資産」については，「**耐用年数を確定できないと判定した根拠**」を開示しなければなりません (122(a))。

　さらに企業は，期中に**費用認識した研究開発支出の合計額を開示しな**ければなりません (126)。

　最後に，IAS 38が例示する無形資産の種類をあげておきます (119)。

115

(a) ブランド名

(b) 題字および出版表題

(c) コンピュータのソフトウェア

(d) ライセンスおよびフランチャイズ

(e) 著作権，特許権およびその他の工業所有権，サービスおよび営業上の権利

(f) 配合，製法，モデル，デザインおよび試作品

(g) 開発中の無形資産

CHAPTER 8

投資不動産（IAS 40）

1 投資不動産の定義
2 投資不動産の当初認識
3 投資不動産の当初測定
4 投資不動産の事後測定

1 投資不動産の定義

　本章では，国際会計基準における**投資不動産**（investment property）の会計について，その概要を確認しましょう。結論的にいえば，国際会計基準は，投資不動産の時価評価を積極的に財務諸表上に反映させようとしています。これは，時価情報を単に注記で済まそうというわが国の基準と大きく異なります。

　投資不動産の会計は，IAS 40で取り扱われています。これは，IAS 25「投資の会計」（Accounting for Investments）を継承するものですが，ここでは特に，**保有目的**，つまり，企業がどのような目的で不動産を有しているのかが重要になります。そこで，投資不動産とは何か，その定義をまず確認することにしましょう。

IAS 40における投資不動産

　賃貸収入や値上がり益もしくはその両方を得る目的で保有される土地や建物

　つまり，ここでは，不動産といえども，**自己使用の不動産や販売目的の不動産**を排除していることが理解できます。まず，例えば，自己使用の不動産（製品を作るための工場建物・土地など）は，**IAS 16「有形固定資産」**（PROPERTY, PLANT AND EQUIPMENT）の適用対象となりますので，IAS 40の適用範囲からは除外されます。

　また，販売目的の不動産（不動産業を営む企業が販売のために保有する不動産など）は，**IAS 2「棚卸資産」**（Inventories）の適用対象となりますので，IAS 40の適用範囲からは除外されます。

Chapter 8　投資不動産（IAS 40）

　なお，IAS 40は，投資不動産と自己使用の不動産との違いについて，
キャッシュ・フローの生み出し方に着目して次のように述べています。
すなわち，投資不動産は，企業が保有する他の資産から独立してキャッ
シュ・フローを生み出すのに対して，自己使用の不動産は，財貨・サー
ビスの生産・供給プロセスにおける他の資産と一体となってキャッ
シュ・フローを生成します。このように両者のキャッシュ・フローの生
み方は大きく異なりますので，会計上も，両者を峻別した上で取り扱う
のです。

　なお，日本基準（『**企業会計基準第20号　賃貸等不動産の時価等の開示に関
する会計基準**』および『**企業会計基準適用指針第23号　賃貸等不動産の時価等の
開示に関する会計基準の適用指針**』）においては，用語は違うものの（「投資
不動産」という用語ではなく「**賃貸等不動産**」という用語を用いています），そ
の定義はほぼ同じものとなっています。

２　投資不動産の当初認識

　次に，投資不動産の当初認識について考えてみましょう。IAS 40によ
れば，投資不動産は，次の２つの条件の両方を満たす場合に，かつ，そ
の場合にのみ，資産として認識することになります。

IAS 40における認識の条件

(a)　投資不動産に帰属する将来の経済的便益（future economic benefits）が，企業にもたらされる可能性が高いこと

(b)　投資不動産の取得原価が信頼性をもって測定できること

119

まず，上記の(a)は，要するに投資不動産が資産の定義に合致するかどうかが問われています。この場合，将来の経済的便益が得られる可能性が高いか否かというのは，賃貸目的であれば将来において賃貸収入が得られる可能性が高いか否か，値上がり益目的であれば，将来の売却によって値上がり益を享受し得る可能性が高いか否かが判断基準となります。

　また(b)は，要するに測定の信頼性です。つまり，測定が信頼性を持ってなし得るのであれば，それをオンバランスすることが容認されるのです。

　なお，日本基準は，後で述べる通り，あくまで「開示」に関する基準ですので，認識要件は特に定められていません。

3　投資不動産の当初測定

　次に，投資不動産の当初測定について考えてみましょう。国際会計基準においては，投資不動産は，当初はその取得原価で測定しなければならず，また，取引費用（弁護士報酬や不動産取引税など直接的なもの）をこの中に含める必要があります。

IAS 40における投資不動産の当初測定

当初測定……取得原価

取引費用……取得原価に含める

　ただし，ファイナンス・リースによりオンバランスされている投資不動産については，リース会計の原則通り，IAS 17「リース会計」

Chapter 8　投資不動産（IAS 40）

（Accounting for leases）に準拠して当初測定を行うことになります。すなわち，この場合の当初測定は，IAS 17第20項のファイナンス・リースについての定めにより，不動産の公正価値または最低支払リース料の現在価値のどちらか低い方で認識することになります。

　日本基準では，認識要件同様，賃貸等不動産に関する当初測定に関する規定は特にありません。

4　投資不動産の事後測定

　次に，投資不動産の事後測定について考えてみましょう。すなわち，当初認識・測定後の投資不動産は，各期の期末において，一体どのように取り扱われるのでしょうか。なお，この論点は，投資不動産の会計を考える上で，また日本基準との比較を行う上で，最も重要な論点です。

　IAS 40では，投資不動産の事後測定について，以下の2つのうち，いずれかを企業が選択することを認めています。なお，原則としてすべての投資不動産について，同一のモデルを適用する必要があります（し，また採用した方法を注記開示する必要があります）。

IAS 40における投資不動産の事後測定
(a)　公正価値モデル（fair value model）
(b)　原価モデル（cost model）

　まず，(a)**公正価値モデル**とは，当初認識の後，一部の例外（公正価値が信頼性をもって算定できない場合）を除いて，すべての投資不動産について**公正価値**（fair value）により毎期**評価替え**を行い，またその公正価

121

値の変動から生じる損益を**発生した期の損益**として認識するモデルをいいます。

　ここで**公正価値**とは，一体何でしょうか。IAS 40は，公正価値を以下のように定義しています。

投資不動産の公正価値

　独立当事者間取引（arm's length transaction）において，知識のある自発的な当事者（knowledgeable, willing parties）の間で交換される価額

　上記は要するに，**活発な不動産市場における現在価格**（current prices in an active market）を意味します。なお，もし仮にそのような価格が得られない場合は，類似する不動産の市場価格を修正したり，将来キャッシュ・フローの割引現在価値を計算したりすることで，公正価値を決定することになります。

　これに対して，他方，(b)**原価モデル**とは，当初認識の後，すべての投資不動産について，IAS 16により**取得原価から減価償却累計額および減損損失累計額を控除した金額**で測定を行うモデルをいいます。なお，原価モデルを選択した場合でも，投資不動産の公正価値を毎期注記によって開示する必要があります。

　では，国際会計基準は，一体なぜ，公正価値モデルと原価モデルとを選択適用として併用しているのでしょうか。そもそも国際会計基準においては，公正価値測定が中心とされていますので，投資不動産について

Chapter 8　投資不動産（IAS 40）

も，その保有目的から，金融商品等と同様，公正価値測定が求められることになります。しかしながら，投資不動産は，金融商品等の場合とは異なり，活発な市場がない場合も考えられますので，その点を配慮して，原価モデルも併存させているのです。しかしながら，原価モデルに依拠した場合，投資家の意思決定に資する有用な情報が明らかにされないことになってしまいますので，別途，注記として公正価値情報を開示することで，公正価値モデルと遜色のない情報開示を企業に求めているのです。

　なお，日本基準は，この事後測定の取扱いについて，国際会計基準と大きく異なる会計処理を求めています。すなわち，日本基準では，(a)公正価値モデルは存在せず，(b)原価モデルのみが存在します。つまり，日本基準の下では，当初測定の後は，取得原価（から減価償却累計額と減損損失累計額を控除したもの）をベースにした測定がなされることになり，時価情報は注記により開示されることになっています。
　これは一体なぜでしょうか。この理由にはいろいろなものが考えられますが，例えば，不動産市場が資本市場と比較して相対的に**流動性が低く**，客観的な時価が把握しづらいことや，賃貸等不動産であっても**常に売却が可能であるとはいえないものも存在**するため，すべての賃貸等不動産を時価評価することは，逆に企業の財政状態・経営成績を適切に反映させることにはならない可能性があることなどが，根拠としてあげられます。よって，日本基準の下では，すべての企業が，事後の公正価値による評価替えを行わないということになります。

　ただし，評価替えを行わず，原価モデルだけであれば，賃貸等不動産の公正価値情報が表舞台に登場せず，投資家等の意思決定に資する有用な情報が市場に提供されないことになってしまいますし，また，何よりも，**国際会計基準との整合性**が保たれなくなってしまいます。そこで，

123

日本基準は，賃貸等不動産の**「時価等」**（国際会計基準でいう公正価値とほぼ同じと考えて差し支えありません）を別途，注記により開示することを要求し，国際会計基準との一定の整合性をとっているのです。

郵 便 は が き

料金受取人払郵便

落合支店承認

4079

差出有効期間
2017年2月12日
（期限後は切手を
おはりください）

１６１－８７８０

東京都新宿区下落合2-5-13

㈱ 税務経理協会

社長室行

|||||'||'||'|||||'||'||||||'''''|'|''|'|'|'|'|'||'|'|'|'|'|''||'''|||

お名前	フリガナ		性別	男 ・ 女
			年齢	歳

ご住所	□□□－□□□□　TEL　　　（　　　　）

E-mail	

ご職業	1. 会社経営者・役員　2. 会社員　3. 教員　4. 公務員 5. 自営業　6. 自由業　7. 学生　8. 主婦　9. 無職 10. 公認会計士　11. 税理士　12. その他（　　　　　　　）

ご勤務先・学校名	

部署		役職	

ご記入の感想等は，匿名で書籍のPR等に使用させていただくことがございます。
使用許可をいただけない場合は，右の□内にレをご記入ください。　　　□許可しない

ご購入ありがとうございました。ぜひ、ご意見・ご感想などをお聞かせください。
また、正誤表やリコール情報等をお送りさせて頂く場合もございますので、
E-mail アドレスとご購入書名をご記入ください。

この本の タイトル	

Q1　お買い上げ日　　　　年　　　月　　　日
　　ご購入　　1．書店・ネット書店で購入（書店名　　　　　　　　　）
　　方　法　　2．当社から直接購入
　　　　　　　3．その他（　　　　　　　　　　　　　　　　　　　　）

Q2　本書のご購入になった動機はなんですか？（複数回答可）
　　1．店頭でタイトルにひかれたから　　2．店頭で内容にひかれたから
　　3．店頭で目立っていたから　　　　　4．著者のファンだから
　　5．新聞・雑誌で紹介されていたから（誌名　　　　　　　　　　）
　　6．人から薦められたから
　　7．その他（　　　　　　　　　　　　　　　　　　　　　　　　）

Q3　本書をお読み頂いてのご意見・ご感想をお聞かせください。

Q4　ご興味のある分野をお聞かせください。
　　1．経営　　　　2．経済・金融　　　　3．財務・会計
　　4．流通・マーケティング　　　　　　5．株式・資産運用
　　6．知的財産・権利ビジネス　　　　　7．情報・コンピュータ
　　8．その他（　　　　　　　　　　　　　　　　　　　　　　　　）

Q5　カバーやデザイン、値段についてお聞かせください
　　　①タイトル　　　　　　1良い　　2目立つ　　3普通　　4悪い
　　　②カバーデザイン　　　1良い　　2目立つ　　3普通　　4悪い
　　　③本文レイアウト　　　1良い　　2目立つ　　3普通　　4悪い
　　　④値段　　　　　　　　1安い　　2普通　　　3高い

Q6　今後、どのようなテーマ・内容の本をお読みになりたいですか？

ご回答いただいた情報は、弊社発売の刊行物やサービスのご案内と今後の出版企画立案の参考のみ
に使用し、他のいかなる目的にも利用いたしません。なお、皆様より頂いた個人情報は、弊社のプ
ライバシーポリシーに則り細心の注意を払い管理し、第三者への提供、開示等は一切いたしません。

CHAPTER 9

金融商品
（IAS 32, 39, IFRS 7, 9）

1　金融商品の会計
2　当初認識および測定について
3　認識の中止：いつオフバランスするのか
4　事後測定⑴：金融資産の評価
5　事後測定⑵：金融負債の評価

1 金融商品の会計

　本章では，金融商品の会計について，その概要を確認しましょう。

　現在，国際会計基準では，金融商品を原則的に公正価値評価として取り扱う方向で議論を進めており，その意味でも，この論点は，国際会計基準がいう公正価値会計の中心となる重要論点といえます。

　なお，他の領域と同様，この金融商品の会計も，今まさに改訂作業の真っ只中にあり，主に，表示・開示に関する論点はIFRS 7（およびIAS 32）において，また，金融商品の認識と測定に関する論点は2018年から適用が開始されるIFRS 9（およびIAS 39）において，それぞれ議論が進められています。また，公正価値については，新たに公表されたIFRS 13において議論がなされています。

　まず，そもそも「金融商品」とは一体何か，その定義について考えてみることにしましょう。IAS 32によれば，金融商品とは，一方の企業にとって**金融資産**を，他の企業にとって**金融負債または持分金融商品**を，それぞれ生じさせる**契約**をいいます。この定義については，大枠では特に日本基準と大きく異なることはないといえます。

2 当初認識および測定について

　次に，金融商品の当初認識と測定について確認しましょう。IFRS 9は，この点について，以下のように述べています。

126

Chapter 9 金融商品 (IAS 32, 39, IFRS 7, 9)

金融商品の当初認識と測定

・いつ？（認識）……契約の当事者になった時点

・いくらで？（測定）……公正価値で

　上記のように，契約の当事者になった時点で金融商品をオンバランスすることを，**約定日基準**と呼びます。日本基準も，原則的には同様の基準をとっています。

　また，当初測定について，国際会計基準では，**公正価値**で行うことが規定されています。では，公正価値とはいったい何でしょうか。IFRS 13は，公正価値を以下のように定義しています。

国際会計基準における公正価値概念

　測定日において市場参加者間で秩序ある取引が行われた場合に，資産の売却によって受け取るであろう価格または負債の移転のために支払うであろう価格

　上記のように**公正価値**とは，端的にいえば，通常想定される**交換取引での平均的な価値**，つまり，**市場価格**ないし**市場取引を想定した時の価値**をいいます。そして国際会計基準では，一部の例外を除き，当初測定ではこの公正価値を用いることとされているのです。なお，日本基準における公正価値も，国際会計基準と大枠において異なることのない概念として定義されています。

127

3 認識の中止：いつオフバランスするのか

次に，金融商品の**認識の中止**（derecognition），つまり，いつ金融商品をオフバランスするのか，という論点について確認しましょう。

認識の中止については，大きく2つの考え方があります（なお，この点については，本書の姉妹書であるわしづかみシリーズ『新会計基準を学ぶ』第3巻第3章 p.118 に詳しい記述があります）。

第1は，**財務構成要素アプローチ**という考え方です。これは，金融商品はいくつかの構成要素に分解できると捉えた上で，この構成要素ごとにオンバランスかオフバランスかを考えようというアプローチです。例えば，貸付金は，元本を回収する権利，利息を受け取る権利などからなると考え，これらの構成要素ごとにオンバランスかオフバランスかを考えるのが，このアプローチの特徴です。

また第2は，**リスク・経済価値アプローチ**という考え方です。これは逆に，金融商品は構成要素に分解することはできず，全体としてオンバランスかオフバランスかを考えようというアプローチです。例えば，先にあげた貸付金を例に取ると，貸付金は，元本を回収する権利，利息を受け取る権利などというように分解・細分化することができず，すべてを一体としてオンバランスするか否かを決しなければならないと考えるのが，このアプローチの特徴です。

そして現行のIFRS9では，後者のアプローチを中心にした考え方を採用しています。具体的には，**リスク・経済価値アプローチ**を基礎にしつつ，「**支配の移転の有無**」と「**継続的関与の有無**」を加味してこの問題を考えています。

128

Chapter 9　金融商品（IAS 32, 39, IFRS 7, 9）

国際会計基準における認識中止の基本的考え方

(a)　リスク・経済価値アプローチの採用

(b)　「支配の移転の有無」と「継続的関与の有無」の加味

　なお，日本基準（および以前の国際会計基準）においては，認識中止について**財務構成要素アプローチ**を採用しています。つまり，金融商品をいくつかの構成要素に分解し，各構成要素ごとにオンバランスかオフバランスかを考えます。

　以上が現行の考え方ですが，実は，現在，この点についての改訂作業が進められております。具体的には，金融資産の所有に伴う**将来のキャッシュ・フローおよびその他の経済的便益に対する現在のアクセス権**を有しているかどうかを判定基準とする新たな考え方が提示されています。このような現在のアクセス権なるものが，現行の考え方とどのように異なるのか，また，具体的にはどのような判定プロセスをたどるのかについては，まさに今，議論が続いているところです。

4　事後測定（1）：金融資産の評価

　次に，金融商品のうち，特に金融資産の**事後測定**について考えてみましょう。国際会計基準の下では，決算期末に金融商品をどのように評価するのでしょうか。

　結論的には，国際会計基準においては，金融資産を２つのカテゴリーに分類し，その区分ごとに，測定方法を規定しています。

129

国際会計基準における金融資産の2分類

(a) 基本的な貸付金の特徴だけを有し，契約金利に基づいて管理される金融資産
(b) それ以外の金融資産

上記のように，国際会計基準においては，ごくシンプルに２つの区分にのみ分類し，(a)については**償却原価**による評価を，他方，(b)については，**公正価値**による評価を，それぞれ行うように規定しています。これは，会計基準の簡略化や恣意性排除を目指すとともに，他方では，金融資産の全面的な公正価値評価を見据えたものであると考えられます。つまり，国際会計基準では，この新たな２区分について，(b)の公正価値評価があくまで原理原則であり，(a)はごく限られた条件下における取扱いであると位置付けることで，将来の金融資産に係る全面的な公正価値評価へと推移するための１ステップとして考えている可能性があります。

なお，国際会計基準は，このような分類基準を，**ビジネスモデル（ビジネスモデルテスト）**や，**経営管理の手法（契約上のキャッシュ・フロー特徴テスト）**による分類であると捉えています。例えば，(a)「基本的な貸付金の特徴だけを有し，契約金利に基づいて管理される金融資産」は，「基本的な貸付金の特徴だけを有する」という金融資産固有の性質に係る要件のほか，「契約金利に基づいて『管理される』」という要件が設けられています。つまり，企業のビジネスモデルにおいて契約金利に基づいて管理されているかどうかが，この区分に該当するかどうかを決する上で重要であり，たとえ基本的な貸付金の特徴だけを有する貸付金であっても，このような経営管理方針の枠内にないものであれば，それは(a)の区分には該当しないとされているのです。このように国際会計基準

Chapter 9　金融商品（IAS 32，39，IFRS 7，9）

は，企業のビジネスモデルや経営管理（投資管理）の手法によって評価を決しようという姿勢を示しています。

　また，(b)の金融商品の評価は，公正価値でなされることとなりますが，では，その際の評価差額はどのような取扱いを受けるのでしょうか。この点については，基本的には**当期の損益に算入**させるものとするものの，一部のものについては，**その他の包括利益**に算入することも選択できるとしています。これは，我が国の**持ち合い株式**などに見られるようないわゆる戦略的な投資などに一定の配慮をした結果であると考えられますが，しかしこの結果，金融商品の分類区分と評価差額の取扱いがマッチしないという現象が生じることとなっています。なお，このように結局は，(b)がさらに2つに細分化できることから，2018年1月から発効される改訂後のIFRS 9では，金融資産をそもそも3つの区分に分類できるとしております（が，本質はここでの議論と変わりありません）。

　なお，日本の会計基準では，保有目的をベースにして金融資産の事後測定を考えていますが，分類の仕方が，国際会計基準と大きく異なっています。

5　事後測定(2)：金融負債の評価

　次に，金融負債の事後測定，つまり，期末評価について検討しましょう。国際会計基準においては，金融負債はどのように評価されるのでしょうか。

　国際会計基準は，以下に述べる例外を除き，金融負債を，原則として実効金利法を用いた**償却原価**で測定するものとしています。

131

国際会計基準における金融負債の原則的評価

償却原価（実効金利による）

　ただし，同時に，国際会計基準は，①例えばデリバティブなどの金融負債については，償却原価評価から除外すること（デリバティブ負債は公正価値評価を行います），また②一部の金融負債について，公正価値オプションを適用してもよいこと（ただし，この場合，自己の信用リスクの変動により生じる評価差額はその他包括利益に計上することとされています），といった例外も設けています。

　国際会計基準においては，金融負債についても，**公正価値評価を積極的に取り入れる方向で議論が進んでおりますが**，特に２つの例外のうちの後者は，その発想が色濃く出たものといえます。

　なお，このように金融資産と金融負債とを公正価値評価に近づけていけば，究極的には**ヘッジ会計**（企業がデリバティブ等を用いて行うリスク回避手段を財務諸表に反映させる会計処理）は不要であるということになってきます。

　現在，国際会計基準では，ヘッジ会計についても改訂作業が続いていますが，ともあれ，国際会計基準は，究極的には，全面的な公正価値会計を目指しているということが，この金融商品の会計を巡る議論の中に端的に現れているといえましょう。

132

CHAPTER 10

のれん
(IFRS3, IAS38)

1　IFRSにおける「のれん」の理解のポイント

2　のれんの認識と測定

3　のれんの配分　－資金生成単位－

4　のれんの非償却処理

5　のれんの減損処理

6　自己創設のれん

7　のれんと無形資産の区別　－識別可能性－

1 IFRSにおける「のれん」の理解のポイント

IFRSにおいて,「のれん (goodwill)」に関する基準は,主にIFRS 3「企業結合 (business combinations)」(以下「IFRS 3」という)で取り扱っています。企業結合に関する会計基準としては,元々1998年にIASCにより公表されたIAS 22「企業結合」がありましたが,2004年にIASBから公表されたIFRS 3により置き換えられました。IFRS 3も,2008年に用語を中心として改訂されています。

実はIFRSには,のれんを単独で扱う基準はありません。のれんを扱っているのは,上記IFRS 3以外に,IAS 36「資産の減損」(以下「IAS 36」という)およびIAS 38「無形資産」(以下「IAS 38」という)等他にもあるのです。よって,文中の括弧内の数字については,基本的にIFRS 3の項目を示すことにしますが,IAS 36あるいはIAS 38における項目については当該基準名も括弧内で表示します。

のれんに関して,IFRSと日本の会計基準との相違点で最も大きいものに,のれんを償却するかどうかという点があります。のれんに対する会計処理として,日本の会計基準では原則として20年以内の規則償却を定めています。対してIFRSでは,のれんの償却は禁止されています。ここが,のれん会計における,IFRSと日本の会計基準との最も大きな相違点です。

より詳しくいうと,日本基準では償却と減損処理をどちらも行うのに対し,IFRSでは償却は行わずに減損処理のみを行うという違いがあることになります。このような,のれんに関する日本の会計基準とIFRSとの相違を中心に理解していくことが,IFRSにおけるのれんを理解するポイント・早道だと考えられます。

134

Chapter 10　のれん（IFRS 3，IAS 38）

2　のれんの認識と測定

　IFRS 3では，のれんの認識および測定について次のように規定しています。ポイントは，**のれんを超過差額として認識・測定**する点です。

のれんの認識および測定

「取得企業は，次の(a)が(b)を**超過する額**として測定した，取得日時点ののれんを認識しなければならない

　(a)　次の総計

　　ⅰ　本基準に従って測定した，**移転された対価**（consideration transferred）。これには通常，取得日公正価値が要求される

　　ⅱ　本基準に従って測定した，被取得企業のすべての**非支配持分**（non-controlling interest）**の金額**

　　ⅲ　段階的に達成される企業結合の場合には，取得企業が以前に保有していた被取得企業の**資本持分**の取得日公正価値

　(b)　本基準に従って測定した，取得した**識別可能な資産および引き受けた負債の取得日における正味の金額**」（32）

　ちなみに，IFRSによれば，「移転された対価」の形態として考えられる例として，**現金**等をあげています（37）。したがって，移転された対価とは，主に現金（等）支出額を表すことになります。また，「**識別可能な資産および引き受けた負債**」は，**取得日公正価値で測定**しなければなりません（18）。

　したがって，のれんの認識および測定については，主として**取得企業による支出額と非支配持分の合計**と，**被取得企業の資本の公正価値**との**差額**として行われることになります。

135

3 のれんの配分 －資金生成単位－

　企業結合時に認識されたのれんは，個々の資産および負債に割り当てられる（配分される）ことになります。のれんが配分される資産グループのことを，**資金生成単位**（CGU, cash-generating unit）といいます。

　資金生成単位については，IAS 36（「資産の減損」）において次のように定義されています。

> 「資金生成単位とは，**他の資産または資産グループからのキャッシュ・インフローとはおおむね独立したキャッシュ・インフローを生成する最小の識別可能な資産グループをいう**」（IAS 36, 6）。

　資金生成単位へののれんの配分については，次のように定められています。

> 「減損テストの目的上，企業結合により取得したのれんは，取得日以降，取得企業の資金生成単位または資金生成単位グループのうち，企業結合のシナジーから便益を得ると見込まれるものに配分しなければならず……」（IAS 36, 80）。

　以上を要約すると，**企業結合により取得したのれん**は，キャッシュ・インフローを独立して生み出す資産グループの最小単位である**資金生成単位に配分**されることになります。なお，取得企業の資金生成単位へののれんの配分は，**減損テストの目的**から行われることになります。

Chapter 10　のれん（IFRS 3，IAS 38）

4　のれんの非償却処理

　認識されたのれんを償却対象とするかどうかは，日本の会計基準と
IFRSでは大きく異なります。**日本の会計基準では，20年以内に規則的
に償却しますが，IFRSでは償却は禁止**されています。なぜ，IFRSでは
のれんを償却しないのでしょうか。IFRSでは，その理由をIAS 36「資
産の減損」の「結論の根拠（BC，Basis for Conclusion）」で次のように述
べています。

　IFRSでは，「取得したのれんの**耐用年数およびのれんが減少するパ
ターンは，一般に予測できない**が，その償却はこのような予測に左右
される」（IAS 36，BC 131 E）ため，「ある任意の期間の償却額は，取得
したのれんの当該期間中の費消についての**恣意的な見積り**（arbitrary
estimate）として説明するほかない」（同）としています。さらに，「**恣意
的な期間**でのれんの定額償却を行っても，**有用な情報は提供できない**」
（同）と結論付けています。以上をまとめると，次のようになります。

IFRSがのれんの償却を行わない理由

　償却は，耐用年数の決定等，恣意的な見積りに基づくものであり，
有用な情報を提供できないから。

　以上のIFRSの結論については，もともと米国の会計基準とのコ
ンバージェンスが前提となっていたことも影響しています（IFRS 3，
BC 219〜BC 221）。IFRSのコンバージェンス対象であった米国の会計
基準では，のれんの非償却処理をすでに決定していました。ですので，
IFRSもそれに倣ったと考えられます。

137

5 のれんの減損処理

前節で学んだように，IFRSにおいてのれんは償却が禁止されています。その代わりに，のれんは減損処理の対象となります。ここでは，のれんの減損処理について，IFRSがどのように規定しているかを学びます。

のれんの減損処理は，**のれんが配分された資金生成単位ごと**に行われます。この「のれんが配分された資金生成単位」の**回収可能価額が帳簿価額を下回る場合に，減損損失が認識**されます（IAS 36, 104）。なお，回収可能価額とは，資金生成単位の「処分コスト控除後の公正価値と使用価値のいずれか高い金額」（IAS 36, 6）をいいます。

資金生成単位について認識された減損損失は，次の順序に従って当該単位の帳簿価額を減少させるように配分しなければなりません（IAS 36, 104）。

(a) <u>最初に</u>，当該資金生成単位（単位グループ）に配分された<u>のれんの帳簿価額を減額</u>する

(b) 次に，当該単位内の各資産の帳簿価額に基づいた比例按分により，当該単位の中の他の資産に配分する

上記のように，「のれんが配分された資金生成単位」の回収可能価額が帳簿価額を下回る場合に**減損損失**が認識され，当該損失はまず**最初に，配分されたのれんの帳簿価額より減額**され，のれんに賦課しきれない場合に，のれん以外の資産の帳簿価額より減額されることになります。

138

Chapter 10　のれん（IFRS 3，IAS 38）

　なお，のれんについて認識した減損損失は，以後の期間において戻入れをしてはなりません（IAS 36，124）。

6　自己創設のれん

　ここまで見てきたのれんは，すべて企業結合時における**取得のれん**（acquired goodwill）を扱ってきました。ただし，のれんには，取得のれん以外にも，**自己創設のれん**（internally generated goodwill）があります。自己創設のれんは，IAS 38「無形資産」で取り扱われています。

　結論からいえば，IFRSでは，**自己創設のれんを資産として認識する**のを禁止しています（IAS 38，48）。理由としては，**自己創設のれんは，信頼性をもって原価で測定できるような，企業が支配している識別可能**（identifiable）**な資源ではない**からです（49）。

　上述のようにIFRSでは，自己創設のれんを資産として認識することは禁止されています。ただし，取得されたのではなく自己創設された形のない資産のうち，分離可能あるいは契約その他の法的権利から生じた**識別可能な資産**は，特別な条件の下，自己創設無形資産（internally generated intangible assets）として**認識**されます。具体的には，一定の条件をクリアした開発局面の支出等があげられます。しかしながら，**自己創設のれんは識別不能**なため，資産として**認識してはならない**ことになります。

　IFRSにおける自己創設のれんの規定を，最後にもう一度確認しておきましょう。

139

> 自己創設のれんを資産として認識してはならない（IAS 38,
> 48）。

7 のれんと無形資産の区別 －識別可能性－

前節で学んだように，自己創設のれんと自己創設無形資産とを区別するキーワードは**識別可能性**（identifiability）でした。

識別可能性は，自己創設のれんと自己創設無形資産とを区別するだけでなく，取得のれんと無形資産とを区別するキーワードでもあるのです。つまり，識別可能性は，そもそも区別しにくい**のれんと無形資産とを分離するための重要な考え方**だと指摘できます。

識別可能性は，CHAPTER 7「無形資産」で取り上げていますが，ここではその定義のうち重要な点を再度確認しておきましょう。

識別可能性

資産は，次のいずれかの場合には識別可能である（IAS 38, 12）。

(a) 分離可能（separable）である場合。以下略

(b) 契約またはその他の法的権利（legal rights）から生じている場合。以下略

つまり，売却のように分離可能であるか，あるいは法的権利であれば，当該資産は識別可能と見なされるわけです。

Chapter 10　のれん（IFRS 3，IAS 38）

　識別可能性は，自己創設のれんと，一定の条件をクリアした開発局面の支出のような自己創設無形資産（例えば開発費）とを区別するだけでなく，当初残余として総額計算された取得のれんのうち，**識別可能とみなされる無形資産を純粋な取得のれんから区別**するためにも用いられます。

　企業結合で取得され，識別可能であるため，のれんではなく無形資産として認識される例として，**仕掛研究開発費**（in-process research and development）をあげることができます。

141

CHAPTER 11

減　損（IAS 36）

1　減損とは何か
2　減損処理のフロー・チャート
3　減損の兆候の評価
4　減損損失の会計処理
5　減損損失の戻入れ

1 減損とは何か

IAS 36「**資産の減損**」（Impairment of Assets）は，減損損失の会計処理を取り扱っています。

IASBの前身であるIASCは，1998年に**減損会計基準**を設定しました。現在適用されているのは，2004年に改訂されたIAS 36です。

減損（impairments）とは，資産の収益性の低下により投資額の回収が見込めなくなった状態をいいます。

このような場合に，一定の条件の下で，**回収可能性**を**反映**させるように帳簿価額を減額する会計処理が**減損処理**です。

日本の減損会計基準設定の目的

　企業会計審議会は，2002年に「固定資産の減損に係る会計基準」を設定して公表しました。

　これは，2004年３月決算企業から早々期適用されて，2006年３月決算企業から強制適用となっています。

　減損会計基準は，設定目的を，以下の３点から説明しています。

① 企業実態の表示によって財務情報の透明性を高めること

② 経営者の裁量的な判断の介入を除去すること

③ 会計基準の国際的調和への対応，すなわち財務諸表の比較可能性を達成すること

144

Chapter 11　減損（IAS 36）

減損会計基準設定の背景〜アメリカの事例から〜

　減損会計の問題は，1980年代のアメリカで，リストラクチャリングに伴い，巨額の固定資産評価損を計上する企業が出現したことに端を発します。

　経営者は，巨額の固定資産評価損を計上することが，株主や市場に対して，将来の利益および株価の上昇を予感させる信号となると期待して，**減損処理**を行いました。

　しかし，減損に関する明確な会計基準が設定されていなかったことから，しばしば**恣意的な減損損失の認識および測定**が行われて，将来の利益の改善を装ったり，**利益の平準化**を図るなどの問題が指摘されました。

　ここから，減損会計基準の設定への関心が高まってきました。

（参考）　企業財務制度研究会・減損会計研究委員会報告，1998
　　　　　『減損会計を巡る論点』企業財務制度研究会，p.51。

2　減損処理のフロー・チャート

　減損とは，資産の**帳簿価額**が**回収可能価額**（recoverable amount）を超過している場合に生じます。

　減損が生じている場合には，企業は**資産**または**資金生成単位**（cash-generating unit）に関して，**減損損失**を**認識**しなければなりません。

　減損損失とは，資産または資金生成単位の**帳簿価額**が回収可能価額を超過する金額をいいます。

145

🔑 KEYWORD

回収可能価額	資産または資金生成単位の売却費用控除後の公正価値と使用価値のいずれか高い金額
使用価値	資産または資金生成単位から生じると見積られる将来キャッシュ・フローの現在価値
資金生成単位	個別の資産の回収可能価額の算定が困難な場合に、他の資産または資産グループからのキャッシュ・インフローはおおむね独立したキャッシュ・インフローを生成させるものとして識別される資産グループの最小単位

減損の会計処理は、下記のフロー・チャートに従って行われます。

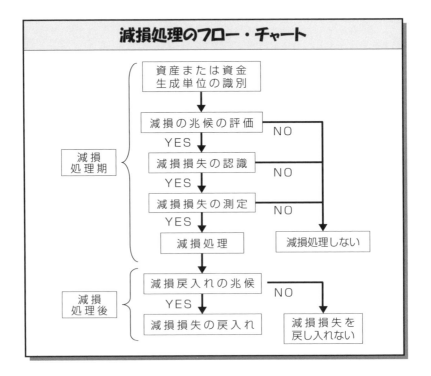

Chapter 11　減損（IAS 36）

3　減損の兆候の評価

　企業は，各報告期間の末日に，資産が減損している可能性を示す**兆候**（indication）があるか否かを評価しなければなりません。

　減損の兆候の評価には，外部および内部の要因等から，少なくとも次ページの兆候が考慮されなければなりません。その他，**減損の兆候**には，当初予算との関わりから，**正味キャッシュ・フロー**または**営業損益**の著しい悪化の場合に評価されます。

　IASBの減損会計基準では，減損の兆候を評価する基準に，明確な**数値基準**は設けられていません。

日本の減損会計基準の特徴（1）～減損の兆候の評価～

　日本の減損会計基準では，適用指針において，**減損の兆候の評価**に関して，「市場価格が帳簿価額から50％以上下落している場合」といった**数値基準**が設けられています。

　これは，IASBの減損会計基準が**原則主義**に基づいているのに対して，日本の減損会計基準が**細則主義**に基づいていることを意味します。

147

減損の兆候の評価		
外部の要因	(1)　当期に，時間の経過または正常な使用から生じると予想される以上に，資産の市場価値が著しく低下している。 (2)　企業が営業活動を行う技術的，市場的，経済的または法的環境において，あるいは資産が利用されている市場において，企業に悪影響を及ぼす著しい変化が，当期に生じているか，あるいは近い将来に生じると予想される。 (3)　市場利子率または投資収益率が当期に上昇しており，かつそれらの上昇が資産の使用価値の計算に用いられる割引率に影響を及ぼし，資産の回収可能価額を大きく減少させる見込みである。 (4)　企業の純資産の帳簿価額が，企業の市場価値よりも大きい。	
内部の要因	(5)　資産の陳腐化または物理的損害の証拠が入手できる。 (6)　資産が用いられている，あるいは用いられると予想される範囲または方法において，企業に悪影響を及ぼす著しい変化が，当期に生じているか，あるいは近い将来に生じると予想される。 (7)　資産の経済的成果が，予想よりも悪化しているか，悪化すると予想されるような証拠が，内部報告から入手できる。	
子会社，共同支配企業または関連会社からの配当	(8)　子会社，共同支配企業または関連会社に対する投資について，企業がその投資から配当を認識していて，かつ右記のような証拠が入手できる。	個別財務諸表における当該投資の帳簿価額が，連結財務諸表における被投資企業の純資産の帳簿価額を超過している。
		配当が，その配当が宣言された期間におけるその子会社，共同支配企業または関連会社の包括利益の合計額を超過している。

Chapter 11　減損（IAS 36）

4　減損損失の会計処理

▷回収可能価額の測定

　減損の兆候が存在する場合には，企業は当該資産の回収可能価額を見積らなければなりません。

　個別資産についての回収可能価額の見積りが不可能な場合には，企業は当該資産が属する資金生成単位の回収可能価額を算定します。

　回収可能価額とは，資産または資金生成単位の売却費用控除後の公正価値と使用価値のいずれか高い金額です。

　売却費用控除後の公正価値は，以下の順番で見積られます。

(1)	最善の証拠	独立第三者間取引条件による**拘束力のある売買契約に基づいた価格**に，資産の処分に直接関連する増分費用を修正した金額

⬇

(2)	拘束力のある売買契約はないが，資産が活発な市場で取引されている場合	処分費用を控除した当該資産の**市場価格**（通常，現在の**入札価格**）
		現在の入札価格を入手できない場合には，取引日と見積りが行われた日との間に著しい経済環境の変化がなかったことを条件として，**直近の取引価格**

⬇

(3)	拘束力のある売買契約または活発な市場が存在しない場合	取引の知識がある自発的な当事者間で独立第三者間取引条件による資産の売却により獲得可能な，処分費用控除後の金額を反映した，**利用可能な最善の情報に基づいた金額**（その際，企業は，同一産業内の類似資産の直近時点の取引結果を考慮する）

149

使用価値は，以下の要素を反映して算定されます。

使用価値の算定で考慮される要素	
(1)	企業が資産から得られると期待する将来キャッシュ・フローの見積り
(2)	将来キャッシュ・フローの金額または時期について，起こり得る変動についての期待
(3)	現在の市場におけるリスクフリー・レートで表される貨幣の時間価値
(4)	資産固有の不確実性の負担に関する価格
(5)	非流動性のように，企業が資産から得られることを期待する将来キャッシュ・フローの価格付けに際して，市場参加者が反映させているその他の要因

　使用価値は，見積られた将来キャッシュ・フローをもとに現在価値に割り引いて計算されます。

　見積り将来キャッシュ・フローを割り引く割引率は，貨幣の時間価値および当該資産に固有のリスクについての現在の市場評価を反映した，税引き前の利率です。

Chapter 11　減損（IAS 36）

▷減損損失の認識と測定

　減損損失の**認識**および**測定**では，最初に，のれん以外の個別資産の回収可能価額または当該資産が属する資金生成単位の回収可能価額が算定されます。

　回収可能価額を用いる理由は，時間価値を考慮に入れたキャッシュ・フローに基づいた資産の測定値が，投資者，その他の外部の財務諸表利用者および資源配分の決定を行う経営者にとってより適切であると考えられるからです。

　企業結合により取得した**のれん**は，減損の目的上，取得企業の資金生成単位または資金生成単位グループに配分されます。

　のれんが配分されている資金生成単位については，毎年，さらに**減損の兆候**がある場合にはいつでも，のれんを含む資金生成単位の帳簿価額と回収可能価額の比較により**減損テスト**を行わなければなりません。

　減損損失は，個別資産または当該資産が属する資金生成単位の回収可能価額を算定した上で，回収可能価額が帳簿価額より低い場合に**認識**されます。

　減損損失の金額は，当該資産または資金生成単位の帳簿価額が回収可能価額を上回っている金額として**測定**されます。

　資金生成単位にのれんが配分されている場合には，最初にのれんの帳簿価額を減額して，その後，資金生成単位内の各資産の帳簿価額に基づいた比例按分によって，各資産に配分されます。

151

【設例：のれんを含めた資金生成単位の減損損失】

のれんを含めた資金生成単位の取得原価，帳簿価額および回収可能価額をもとに，減損損失の配分は，以下のように行われます。

	のれん	識別可能純資産	合計
取得原価	500	1,500	2,000
減価償却累計額		−150	−150
帳簿価額	500	1,350	1,850
回収可能価額			1,000
減損損失			850
帳簿価額	500	1,350	1,850
減損損失（認識額）	−500	−350	−850
減損損失後帳簿価額	0	1,000	1,000

日本の減損会計基準の特徴(2)〜減損損失の認識〜

日本の減損会計基準では，帳簿価額と**割引前将来キャッシュ・フロー**との比較により**減損損失の認識**を行い，その後，**回収可能価額**を算定して，減損損失を測定します。

日本が，**減損損失の認識**において，**割引前将来キャッシュ・フロー**を用いる理由は，以下の3点から説明されます（同様の処理を規定するアメリカの減損会計基準（SFAS第144号）を参考）。

① 取得原価主義会計との整合性

② ボラティリティによる財務諸表利用者の誘導可能性

③ 測定上の便宜性

Chapter 11　減損（IAS 36）

　減損損失を認識した後，当該資産の**減価償却費**は，改訂後の帳簿価額から，残存価額を控除した金額を，残存耐用年数にわたって規則的に配分することにより行われます。

▷減損処理に関する２つの説明

　減損処理は，**資産負債アプローチと収益費用アプローチ**といった異なった**会計思考**のいずれから説明されるのでしょうか。

減損処理と資産負債アプローチ

　資産負債アプローチに基づけば，**減損**は，将来の経済的便益獲得能力を重視した**資産の定義**を満たすように，固定資産を**公正価値**で評価する会計処理と説明されます。

　IASBの減損会計基準は，**資産負債アプローチ**の下での**公正価値評価**の考え方に基づいて**減損損失の認識**を説明しています。

減損処理と収益費用アプローチ

　日本の**企業会計審議会**は，減損処理は事業用資産の過大な帳簿価額を減額して，将来に損失を繰り延べないための会計処理であるとして，**収益費用アプローチ**に基づいて，費用配分の視点から減損損失を説明します。

　企業会計審議会は，**減損処理**は，**取得原価主義**の下で行われる帳簿価額の臨時的な減額として説明しています。

153

5 減損損失の戻入れ

　企業は，各報告期間の末日において，**過年度中に認識した減損損失が**もはや存在しないか，または減少している可能性を示す**兆候**があるかを**評価**しなければなりません。

　そのような兆候がある場合，当該資産の回収可能価額の見積りを行い，当該資産の回収可能価額の見積りに変更があった場合には，当該資産の帳簿価額を回収可能価額まで増加させるよう**減損損失の戻入れ**が行われます。

　減損損失の戻入れでは，個別資産の帳簿価額は，過年度に認識された減損損失がなかったとした場合の，減価償却控除後の帳簿価額を超えてはなりません。

　資金生成単位についての**減損損失の戻入れ**は，のれん以外の資産の帳簿価額に比例的に配分されます。

　ただし，**のれん**について認識された**減損損失**は，以後の期間において戻し入れてはなりません。

Chapter 11　減損（IAS 36）

日本の減損会計基準の特徴(3)〜減損損失の戻入れ〜

　日本の減損会計基準は，以下の２つの理由から，減損処理後の手続きにおける「減損損失の戻入れ」を認めていません。

① 　減損の存在が相当程度確実な場合に限って減損損失を認識および測定する。

② 　戻入れは事務的負担を増大させるおそれがある。

　これは，アメリカの減損会計基準と同様で，減損処理が**資産負債アプローチ**の下での公正価値評価ではないことの裏付けともいわれます。

日本の減損会計基準の特徴(4)〜比較表〜

減損損失の認識と測定基準

	IASB	アメリカ	日本
減損損失の認識	帳簿価額＞回収可能価額	帳簿価額＞割引前将来キャッシュ・フロー総額	帳簿価額＞割引前将来キャッシュ・フロー総額
減損損失の測定	回収可能価額（処分費用控除後の公正価値 or 使用価値の高い方）——帳簿価額	処分費用控除後の公正価値——帳簿価額	回収可能価額（正味実現可能価額 or 使用価値の高い方）——帳簿価額
減損損失の戻入れ	認める（帳簿価額まで）	認めない	認めない

155

CHECK POINT

固定資産の帳簿価額を減額する会計処理には，**減価償却**のほか，**臨時損失**があります。

減価償却とは，企業の事業活動に長期的に利用する資産に関して，適正な期間損益計算を行うことを目的として，その**物質的あるいは機能的減価**を認識するものです。**減価償却**は，**収益費用アプローチ**に基づいた**費用収益の対応**を重視した，取得原価を各会計期間に配分する**費用配分手続き**です。

臨時損失は，災害，事故等の**偶発的事情**により，固定資産の実態が滅失した場合に，この事実に対応して臨時的に実施される簿価の切下げです。**臨時損失**は固定資産が当期において偶発的に物質的損傷が生じた際に計上される特別損失です。

CHAPTER 12

リース（IAS 17）

---

1 リース会計の目的

2 リース取引の定義

3 ファイナンス・リースとオペレーティング・リース

4 ファイナンス・リースの判断指標

5 借手のファイナンス・リースの会計処理

6 借手のオペレーティング・リースの会計処理

7 貸手のファイナンス・リースの会計処理

8 セール・アンド・リースバック取引

1 リース会計の目的

　IFRSのリース会計基準は，リース資産の借手と貸手に対して**ファイナンス・リースとオペレーティング・リース**の取引に対して適用すべき会計処理方法と開示を目的としています。

2 リース取引の定義

　改訂されたIAS17によれば，リースとは，貸手が一括払いまたは数回の支払を得て，契約期間中，**資産の使用権を借手に移転する契約**であるとしています（IAS17.4）。

　つまり，リース取引は，**借手**（lessee）と**貸手**（lessor）の関係があり，一定の契約期間に貸手の資産を借手が使用するという**賃貸借契約**のことをいいます。

IAS 17の適用外項目

① 　鉱物，石油，ガスその他鉱山権のような天然資源を探査または利用するリース契約

② 　映画フィルム，ビデオ，演劇脚本，著作権，特許権および版権などの使用許諾契約

投資不動産（IAS40）

　① 　オペレーティング・リースで賃借人保有の不動産賃借権

　② 　オペレーティング・リースによる賃貸人保有の投資不動産

農業（IAS41）

　③ 　ファイナンス・リースによる賃借人保有の生物資源

　④ 　オペレーティング・リースによる賃貸人所有の生物資産

158

Chapter 12 リース (IAS 17)

3 ファイナンス・リースとオペレーティング・リース

リース取引は，その契約条件によって，**ファイナンス・リース**（financial lease）と**オペレーティング・リース**（operating lease）に分けられます。

IAS 17では，ファイナンス・リースとは，実質的にすべての**資産の所有**（ownership）することから生じる**リスク**（risk）と**経済価値**（rewards）を移転する契約としており，この場合，所有権の移転の有無は問いません。

ファイナンス・リース以外のリースをオペレーティング・リースといいます。

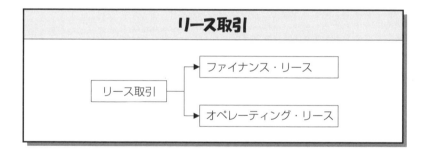

リスクとは，リース資産の遊休または技術的な陳腐化によって生じる損失の可能性および経済的諸条件の変化に起因する収益額の変動の可能性を含みます（IAS 17.5）。

経済的価値とは，当該資産の経済的耐用年数にわたる活動によって収益が生じるという期待および価値評価，または残存価値の実現による利得の期待によって表されます（IAS 17.7）。

159

重要なのは，当該リース取引が，ファイナンス・リース取引なのかそうでないかを取引の経済的実質によって判断し，分類することです。

なお，この判断に関して，**数値基準は示されていません。**

4 ファイナンス・リースの判断指標

ファイナンス・リースに該当するリース契約として，IAS 17 は，次のものを例としてあげています（IAS 17.10）。

- **リース期間**の終了までに，借手に資産の所有権が移転する場合
- 借手が資産の購入選択権を与えられており，購入価額が選択権行使日の正価値よりもかなり低いために，**リース開始日**において，その選択権の行使が合理的に確実視される場合
- 所有権が移転しない場合でもリース期間が当該資産の**経済的耐用年数**の大部分を占める場合
- リース開始日において，**最低リース料支払額**（minimum lease payments）の現在価値が，当該リース資産の公正価値と少なくともほぼ一致する場合
- リース資産が，その借手にのみ大きな変更なしで使用できるような特殊な性質のものである場合
- 借手が当該リース契約を解約する場合には，その解約によって生じる貸手の損失は借手が負担する場合
- 残存価額の変動による利得または損失が借手に帰属する場合
- 借手が市場の賃借料相場より十分に低い賃借料で再リース期間のリース契約を継続できる場合

Chapter 12　リース（IAS 17）

　リース開始日とは，リースの契約日かリースの契約条項における義務を確約した日のいずれか早い日をいい，**経済的耐用年数**とは，ある利用者による資産の経済的な使用可能予測期間あるいは予測生産高および類似する単位をいいます。

　最低リース料支払額とは，借手がリース期間にわたって支払を要する金額から，変動リース料および貸手が立替え払いをした後日精算されるサービス費用や諸税金を除いて，借手においては，借手およびその関係者が保証する残存価値，貸手においては，借手あるいは貸手に関係のない第三者による保証される残存価値を加えた金額をいいます。

　IFRSでは，**法的な形式を重視するのではなく，経済的な実質を重視する**考え方に立っています。リース取引についてもこの考え方に基づいて取引の実質を会計処理に反映させる形の基準となっています。

　日本のリース会計は，これまで**法的な形式を重視してきた**のでリース取引に関して**オフバランス**（貸借対照表に計上しない処理）の状況にありましたが，新しい会計基準では，基本的には，**経済的な実質面を重視する**形に改正されました。

　現在の日本基準は，①解約不能のリース期間中のリース料総額の現在価値が見積現金購入価額のおおむね90％以上（**現在価値基準**）と②解約不能リース期間が当該リース物件の経済耐用年数のおおむね75％以上（**経済的耐用年数基準**）という形式的数値基準を満たせば，ファイナンス・リースとして分類されます。

161

ファイナンス・リースの判断基準	
＜IFRS＞ 数値基準はなく，あくまで経済的実態で判断	＜日本＞ 数値基準 ① 現在価値基準 ② 経済的耐用年数基準

5 借手のファイナンス・リースの会計処理

通常の売買取引にかかる方法に準じた会計処理がなされます。

▷ファイナンス・リースの資産計上額

ファイナンス・リースの資産計上額は，**最低リース料支払額**（minimum lease payment）や**リース計算上の利子率**（interest rate implicit in the lease）などを基礎に計算されます。

借手は，ファイナンス・リースをリースの開始日のリース資産の**公正価値**または**最低リース料支払額**の現在価値のいずれか低い額で，財政状態計算書（貸借対照表）上に資産とリース契約に係る負債を計上します（IAS 17.12）。

これは，ファイナンス・リースが長期割賦購入等により資産を取得した場合と同様の経済的実質（リスクと経済的価値）を有しており，リース資産を所有したものとして認識し，支払うべき金額を負債として認識する必要があるからです。

なお，**最低リース料支払額**とは，借手がリース期間にわたって支払うことを要する金額から，変動リース料ならびに貸手が立替え払いしてい

162

Chapter 12　リース（IAS 17）

る未清算の諸費用を控除し，保証残存価値と購入選択権の行使が確実な
場合の購入選択権行使時のための支払額を加算した金額をいいます。

　その現在価値を求めるには，原則としてリース上の計算利子率（最低
リース料支払額と無保証残存価値の合計割引現在価値が，公正価値と一致するよ
うな利子率）によって行いますが，その確定が不可能な場合には，**借手
の追加借入利率**を用います。

▷減価償却

　ファイナンス・リースの償却方法は，**他の自己保有資産と同じ方法で**
IAS 16の基準に準拠して減価償却することになります。

　ただし，リース期間終了までに所有権が借手に移転する場合には，当
該リース資産の予想使用期間が耐用年数となり，リース期間終了までに
所有権が借手に移転しない場合には，耐用年数とリース期間を比較して
短い方で全額を償却することになります（IAS 17.27）。

▷減損

　また，リース資産の減損については，IAS 36『資産の減損』に従って，
減損処理をします（IAS 17.30）。

▷リース料

　リース料は，**金融費用**と**負債残高の返済部分**とに区分します（par. 17.）。
区分に当たって，金融費用が，各期の負債残高に対して，一定の利子率
となるように配分することになります。

163

6 借手のオペレーティング・リースの会計処理

　オペレーティング・リースは，借りているリース資産を**財政状態計算書**（貸借対照表）に計上しない方法で処理することになります。

　リース料の支払よりも，他の規則的な方法が借手のリース資産の経済的便益の時間的な消費パターンを反映している場合を除いて，リース料をリース期間にわたり定額法で**包括利益計算書**（損益計算書）に費用認識します。(IAS 17.34)

　つまり，借手はリース資産の所有に伴うリスクの負担や経済的価値の享受がほとんどないため，資産の使用権に対する支払を行うことになります。

7 貸手のファイナンス・リースの会計処理

　貸手のリースも**ファイナンス・リース**と**オペレーティング・リース**に分けられます。

　ファイナンス・リースについて，貸手は，**リース投資未回収総額**に等しい金額で未収金として計上します。

　リース投資未回収総額とは，**最低リース料総額**と**未収無保証残存価値**（リース資産の残存価値のうち，貸手によって実現が不確実か，貸手の関係者によってしか保証されていない部分の未収額）の合計額です。

　オペレーティング・リースの貸手の処理は，リース資産をその種類に従って**財政状態計算書**に計上します。また，リース収益は，リース料の

164

Chapter 12　リース（IAS 17）

受取状況より，リース資産の時間的消費パターンを適切に示す方法がある場合を除き，リース期間にわたって定額法で認識します。なお，貸手は，オペレーティング・リースに係るリース資産をIAS 16に従って，減価償却していくことになります。

8　セール・アンド・リースバック取引

　セール・アンド・リースバック取引とは，売手が売却した資産と同一の資産を当該売手にリースする取引をいいます。

　例えば，当社が保有する機械をA社（貸手）に売却し，その機械をA社からリースで借りるような取引をいいます。

　この取引においても，当該リース契約が，**ファイナンス・リース**であるか，**オペレーティング・リース**であるかを判断しなければなりません。

　その取引が**ファイナンス・リース**である場合には，売却代金が帳簿価額を超える金額を，売手（借手）の収益として認識せずに，リース期間にわたって配分することになり，**オペレーティング・リース**の場合には，当該資産の売買が公正価値で行われていれば，帳簿価額と売却価額（公正価値）との差額は，損益が認識されます。公正価値以下の価額で売買が行われる場合には，利益は即時認識されますが，損失に関しては，将来リース料を市場価格より低くして保証される場合には繰延償却します。公正価値以上の売却価額であれば，利益は繰延配分されます。

　なお，売買が公正価値に基づかない取引で，帳簿価額が公正価値を上回る場合には，帳簿価額を公正価値まで評価減することになります。

165

IASBは，2016年1月に**IFRS 16「リース」**を公表しました。これは，2019年1月以後に開始される事業年度より開始されます。また，IFRS 15「顧客との契約から生じる収益」を適用する企業には，IFRS 16の適用開始日以前に，早期適用が認められます。

　本書ではこれまで現行基準について解説を行っていますが，参考までに新しいリース会計基準について簡単に触れておきます。

　IAS 17では，リースの借手と貸手に対して，ファイナンス・リースとオペレーティング・リースのいずれかに分類し，それぞれ異なる方法による会計処理を求めていました。これは，リース取引の忠実な表現を常に提供しているとはいえず，財務諸表利用者の要求を十分満たしていないとの批判がありました。

　つまり，リースの**オフバランスの問題**です。特に，借手に対して，オペレーティング・リースから生じる資産および負債の認識を要求しなかったため，借手がリース（限定的に免除有）について資産および負債を認識する新たなアプローチで**支配概念**が導入され，これにより，IFRS 16では**すべてのリースがオンバランスされる**ことになります。

CHAPTER 13

引当金，偶発負債および偶発資産（IAS 37）

1　IAS 37における「引当金」の理解のポイント

2　引当金の定義

3　引当金の認識　－法的債務と推定的債務－

4　引当金の測定　－経営者による最善の見積り－

5　不利な契約による引当金

6　リストラクチャリング引当金

7　偶発負債　－引当金との違いを中心に－

8　偶発資産

9　引当金，偶発負債および偶発資産の開示

1 IAS 37における「引当金」の理解のポイント

IFRSにおいて，「引当金(provision)」に関する基準は，**IAS 37「引当金，偶発負債および偶発資産(provision,contingent liabilities and contingent assets)」**(以下「IAS 37」という)で取り扱っています。IAS 37は，1998年にIASCにより公表された後，数次の改訂を経て現在に至っています。ここでは，2014年1月1日時点で公表・修正済みのIAS 37(第1項～第99項)を中心にして，IAS 37における引当金(および偶発負債と偶発資産)の会計基準を説明していきたいと思います。なお，文中の括弧内の数字はIAS 37における項目番号を示しています。

引当金に関して，IFRSと日本の会計基準との相違点で最も大きいものに，**引当金を負債として捉えるのか，それとも将来の特定の費用または損失の相手勘定と捉えるのか，**という引当金の捉え方の問題があります。

日本の企業会計原則注解18で規定されている引当金の設定要件は，①**将来の特定の費用または損失**であって，②その発生が当期以前の事象に起因し，③発生の可能性が高く，④その金額を合理的に見積ることができる，というものです。これは，日本の会計基準では，引当金を将来の特定の費用の相手勘定とみなしていることになります。

これに対してIAS 37においては，後で見るように，引当金は「時期または金額の不確実な**負債**」と定義されており，引当金は負債として捉えられています。ただし，時期または金額の「確実な」負債ではないため，引当金を負債として認識するための特別な規定が必要となります。この引当金の認識に対するIAS 37の特別な規定を把握することが，IFRSによる引当金を理解するポイント・早道だと考えられます。

Chapter 13　引当金，偶発負債および偶発資産（IAS 37）

2　引当金の定義

IAS 37では，**引当金**は次のように**定義**されています。

> 「**引当金とは**，<u>時期または金額が不確実な負債（liability）を</u>いう」（10）

ここで重要なのは，引当金は「負債」であるという定義です。日本の会計基準に定めるような，将来の特定の費用または損失の相手勘定という位置付けとは，全く異なる定義であることに注意が必要です。ちなみに，将来の営業損失に対する，IAS 37の定めは次のようになります。

> 「将来の営業損失に対しては，引当金を認識してはならない」（63）

日本の会計基準とは真っ向から対立する上記のIAS 37の規定は，将来の営業損失は負債の定義に適合しないことがあるため導かれたものです（64）。ここで，IAS 37における**負債の定義**を見ることにしましょう。

> 「**負債とは**，過去の事象から発生した企業の**現在の債務**（present obligation）で，その決済により，経済的便益を有する資源が企業から流出する結果となることが予想されるものである」（10）

169

前記の定義より分かるのは，負債であるかどうかの重要なポイントは，経済的便益の流出が予想されることはもちろんのこと，「現在の債務」であるかどうかということになります。

　「現在の債務」であるための要件は次節で学びますが，その前にそもそも「**債務**」であるためには，「**債務を決済する以外の現実的な選択肢がない**」(10) ことおよび「**相手方の存在**」(20) が条件となります。

3　引当金の認識　－法的債務と推定的債務－

　引当金が負債として認識されるためには，現在の「**債務**」を有しているかどうかが重要であることを，引当金の定義において学びました。続いて，この「現在の債務」に関する要件が柱となる引当金の認識について，IAS 37の規定を見ていくことにしましょう。引当金は，次の場合に認識されなければならないとされています。

引当金は，次の場合に認識しなければならない（14）

(a)　企業が過去の事象の結果として<u>現在の債務（法的または推定的）</u>を有しており，

(b)　当該債務を**決済**するために**経済的便益をもつ資源の流出が必要**となる**可能性が高く（probable）**，

(c)　当該債務の金額について**信頼性のある見積りができる場合**

　これらの条件が満たされない場合には，引当金を認識してはならない。

Chapter 13　引当金，偶発負債および偶発資産（IAS 37）

　前記の引当金の認識規準において，最も重要となるのが(a)の規準です。ここで述べられている「現在の債務」の内訳である**法的債務**（legal obligation）と**推定的債務**（constructive obligation）のそれぞれの内容を以下に示します。

　法的債務とは，(a)契約（明示的または黙示的な条件を通じて），(b)法律の制定，または(c)法律その他の運用から発生した債務をいいます（10）。

　法的債務に対して，**推定的債務**とは，次のような企業の行動から発生した債務をいいます。

推定的債務を発生させる企業の行動（10）

(a)　確立されている過去の実務慣行，公表されている方針または十分に具体的な最近の声明によって，**企業が外部者に対しある責務**（responsibilities）**を受諾することを表明しており，**

(b)　その結果，**企業はこれらの責務を果たすであろうという妥当な期待を外部者の側に生じさせている。**

　推定的債務とは，次のような場合に発生します（付録C，設例２B）。例えば，環境保護法のない国で操業しているある石油会社が，汚染を発生させているとしましょう。さらに，この会社は発生させた汚染の浄化責任を負うという広く**公表された環境保護方針**を有しており，かつこの方針を守っている**実績**があるとしましょう。

　この場合，当該企業が汚染を浄化するであろうという**妥当な期待を，汚染の影響を受ける人々の側に生じさせている**ことになります。した

171

がって，法的債務はなくとも，推定的債務が発生していると考えられ，引当金が認識されることになります。

さらに引当金の認識規準 (14) における，「経済的便益をもつ資源の**可能性の高い流出**」にも注意が必要です。ここでいう「可能性が高い」（probable）とは，「**発生する確率の方が，発生しない確率よりも高い**」(23) という独特の解釈がされています (23注)。この規準は，発生確率50％以上なら引当金の認識を迫るものとなっています。

また，「債務の信頼性のある見積り」は，認識の考え方とともに，引当金と，後述する偶発負債とを区別する考えとなります。つまり，**信頼性のある見積りができない場合**，当該債務は引当金としては認識されず，**偶発負債として開示**されることになります (26)。

4　引当金の測定　－経営者による最善の見積り－

認識された引当金は，次のように測定されなければなりません。

> 「引当金として認識する金額は，報告期間の末日における**現在の債務を決済するために必要となる支出の最善の見積り**（best estimate）でなければならない」(36)

「現在の債務を決済するために必要となる支出の最善の見積り」は，同種取引の経験や独立した専門家の報告により補足されはしますが，基本的には**企業の経営者の判断**によって決定されます (38)。

172

Chapter 13　引当金，偶発負債および偶発資産（IAS 37）

　引当金の測定においては，見積られた個々の結果のうち最も起こりそうな値ではなく，**すべての起こり得る結果をそれぞれ関連する確率により加重平均して見積られた値**を用いるのが基本となります。加重平均する統計的見積り方法を，「**期待値（expected value）**」といいます。したがって，引当金は期待値で測定されるのが基本となります（39，40）。

　なお，引当金の対象となる事象が長期にわたり，**貨幣の時間的価値の影響が重要な場合**には，引当金額は債務の決済に必要と見込まれる支出の**現在価値**としなければなりません（45）。

　引当金の最善の見積りに到達する過程で，多くの事象および状況に必然的に関連する「リスクと不確実性」を考慮しなければなりません（42）。特に，「**不確実性のある状況で判断を行う際には，収益または資産を過大計上しないように，また費用または負債を過小計上しないように，注意が必要**」（43）とされています。ただしこの規定は，過大な引当金の設定を正当化するものではありません（43）。

5　不利な契約による引当金

　IAS 37では，いくつかの個別の引当金について規定しています。ここでは，「**不利な契約（onerous contracts）**」による引当金を見ることにしましょう。まず，当該基準を以下に示します。

「企業が不利な契約を有している場合には，当該契約による現在の債務を引当金として認識し，測定しなければならない。」
（66）

173

例えば，多くの日常的な購買注文は，相手への補償金の支払なしで解約することができるため，債務は存在しません。しかし**日常的な購買注文以外の契約**では，契約当事者のそれぞれに権利と義務の両方を設定します（67）。

　そして，日常的な購買注文以外の契約において，事象によって**不利な契約となる場合**には，当該契約は前記IAS 37の適用を受け，**認識されるべき負債が存在**することになります。負債である引当金が認識されるために重要なのは，「不利な契約」であるかどうかです。そこで，「不利な契約」の定義を次で確認しておきましょう。

「不利な契約」の定義（68）

「……契約による債務を履行するための不可避的なコストが，当該契約により受け取ると見込まれる経済的便益を上回る契約」

　なお，「不可避的なコスト」とは，契約履行のコストと契約不履行により発生する補償または違約金のいずれか低い方となります（68）。

　例えば，解約不能なリースで借りていながら，すでに操業していない工場については，当該引当金が認識されます（付録C，設例8）。

Chapter 13　引当金，偶発負債および偶発資産（IAS 37）

6 リストラクチャリング引当金

　IAS 37では，事業部門の売却または撤退等に必要なリストラクチャリング（restructuring）に対する引当金についても，個別に規定しています。リストラクチャリング引当金は，すでに学んだ引当金全体に対する認識規準を満たしたときのみ，認識されることになります。

引当金に対する認識規準（14）

(a)　企業が過去の事象の結果として**現在の債務**（法的または推定的）を有しており，

(b)　当該債務を**決済**するために**経済的便益をもつ資源の流出が必要となる可能性が高く**，

(c)　当該債務の金額について**信頼性のある見積り**ができる場合

　ここから説明するIAS 37の規定は，上記の引当金に対する認識規準をリストラクチャリングにどのように適用するかを述べたものになります。

　リストラクチャリングによる推定的債務は，次の場合（(a)かつ(b)の場合）にのみ発生することになります（72）。

175

(a) リストラクチャリングについて，少なくとも次の事項を明確にした詳細な公式の計画を有していること

　(i) 関係する事業または事業の一部

　(ii) 影響を受ける主たる事業所

　(iii) 雇用契約終結により補償を受ける従業員の勤務地，職種およびその概数

　(iv) 負担する支出

　(v) 計画が実施される時期

(b) 企業がリストラクチャリングを実行するであろうという妥当な期待を，影響を受ける人々に対して惹起していること。これは，当該計画の実施を開始すること，または影響を受ける人々に対して当該契約の主要な特徴を発表することによって行われる。

　上記のように，**リストラクチャリングによる推定的債務**は，「詳細な公式計画を有し」，かつそれを「公表」することにより「**企業がリストラクチャリングを実行するであろうという妥当な期待を，影響を受ける人々に対して惹起している**」場合に発生することになります。

　ただし，「事業の売却」についてはこの限りではありません。なぜなら，企業が事業の売却を決定しその決定を公表した場合でも，企業は売却の意向を変更することが可能だからです。そこで，IAS 37では，「**事業の売却**」については，「**拘束力のある売却契約が締結されるまで，債務は発生しない**」(78) ことを定めています。

176

Chapter 13　引当金，偶発負債および偶発資産（IAS 37）

　ここで，リストラクチャリング引当金の具体的事例を，IAS 37付録C
設例5Bで考えてみましょう。設例は，「ある企業の取締役会は，特定
の製品を製造している事業部の閉鎖を決定した。当該事業部閉鎖の詳細
な計画は取締役会で同意され，顧客へは代替の供給業者を探すよう警告
する手紙を送り，当該事業部の従業員に解雇通知を送った」というもの
です。

　上記設例の場合，当該企業がリストラクチャリングに関する詳細な計
画を有し，かつ公表し，リストラクチャリングを実行するであろうとい
う妥当な期待を顧客および従業員に惹起させているため，推定的債務が
発生していることになります。また，決済時において経済的便益をもつ
資源の流出の可能性も高いため，事業部閉鎖のコストの最善の見積りに
対してリストラクチャリング引当金が認識されることになります。

7　偶発負債　－引当金との違いを中心に－

　すでに学んだように，引当金は「時期または金額の**不確実な**負債」と
定義されています。ただ，不確実な負債であっても，引当金は認識しな
ければなりません。これに対して，認識してはならない不確実な負債が
存在します。このような負債を**偶発負債**（contingent liability）といい
ます。ここでのポイントは，偶発負債と引当金との違いがどこにあるの
か，ということになります。まずは，偶発負債の定義を見てみましょう。

177

偶発負債の定義 (10)

(a) 過去の事象から発生し得る債務のうち，その存在が確認される
のが，企業が完全には統制できない将来の1つまたは複数の不確
実な事象の発生または不発生によってのみである債務

(b) 過去の事象から発生した**現在の債務であるが，次のいずれかの
理由により認識されていないもの**

　i 債務決済のために経済的便益を具現化した資源の流出が必要
　　となる**可能性が高くない**（not probable）。

　ii 債務の金額が十分な信頼性をもって測定できない。

　前記の定義のうち，(a)は引当金と偶発負債とに共通するものです。引
当金と偶発負債との違いは(b)にありますが，特に(b)の(i)が重要となりま
す。なぜなら，「資源の流出が必要となる**可能性が高い現在の債務**」が
ある場合には，**引当金が認識**されるからです。

　これに対して，(b)の(i)にあるように，「資源の流出が必要となる**可能
性は高くない**」が，必要となるかもしれない**現在の債務**がある場合，偶
発負債が存在していることになります。**偶発負債は認識してはなりませ
んが，開示が必要**となります（27，28）。

8 偶発資産

　先に学んだ偶発負債とよく似た会計用語に，**偶発資産**（contingent
asset）というものがあります。偶発資産とは，通常，**計画外あるいは
予想外の事象から発生し，企業に経済的便益の流入の可能性をもたらす
もの**です。例としては，企業が法律手続きによって訴求中だが，その結

178

Chapter 13　引当金，偶発負債および偶発資産（IAS 37）

果が不確実の場合の請求権があります（32）。ここで，偶発資産の定義
を見てみましょう。

偶発資産の定義（10）

　　偶発資産とは，過去の事象から発生し得る資産のうち，その存在
が確認されるのが，企業が完全には統制できない将来の1つまたは
複数の不確実な事象の発生または不発生によってのみであるものを
いう。

　上記の定義は，実は，偶発資産の必要条件ではあっても，これだけで
偶発資産の存在を明らかにするものではありません。上記の定義に加
えて，「**経済的便益の流入の可能性が高いが，ほぼ確実だとはいえない**
（probable, but not virtually certain）」ならば，**偶発資産**が存在してい
ることになります。これに対して，「経済的便益の流入が，**ほとんど確
実である**」ならば，当該資産は偶発資産ではなく，**通常の資産**として認
識されます（付録A）。

　偶発資産は，**認識してはなりません**が，経済的便益の流入の可能性が
高い場合には，**開示されます**（31，34）。

　偶発資産と偶発負債は，完全なパラレルな定めとはなっていません。
偶発資産の方が，その存在の認定が厳しくなっています。これについて
は，「不確実性のある状況で判断を行う際には，収益または資産を過大
計上しない」（43）という定めを思い出してみましょう。

179

9 引当金，偶発負債および偶発資産の開示

企業は，引当金の種類ごとに次の事項を開示しなければならないとされています（84，85）。

---

(1) 期首と期末における**引当金の帳簿価額**

(2) 当期中の**引当金増加額**（既存の引当金の増加額も含む）

(3) 当期中に使用した金額（発生し，引当金と相殺した額）

(4) 当期中に未使用で**取り崩した金額**

(5) 当期中に割引後の金額について**時の経過により生じた増加額および割引率の変更の影響額**

(6) 債務の内容についての簡潔な説明およびそれにより生じる経済的便益の流出が見込まれる**時期**

(7) 当該流出の金額または時期についての**不確実の指標**。以下略

(8) 予想される**補填の金額**（その予想される補填について認識した資産の金額を記述）

また，決済における流出の可能性がほとんどない場合を除き，企業は報告期間の末日における**偶発負債の種類ごとに，偶発負債の内容についての簡潔な説明**を開示しなければなりません（86）。

極めて稀ですが，引当金，偶発負債および偶発資産についての情報を開示することが，他者との係争において，企業の立場を著しく不利にする場合があります。このような場合，企業はその情報を開示する必要はありません。ただしその場合，企業は係争の全般的内容を，情報を開示しなかった旨およびその理由とともに，開示しなければなりません（92）。

180

CHAPTER 14

企業結合（IAS 3）

---

1 企業結合の定義

2 企業結合の適用範囲

3 企業結合の会計処理

4 企業結合におけるのれん

5 のれんの償却

1 企業結合の定義

IFRS3では，企業結合（business combination）とは，**取得企業**（acquirer）が，1つまたは複数の**事業**（business）に対する**支配を獲得する取引または事象**と定義されています。

取得企業（取得者）とは，企業結合により支配を獲得した企業であり，被取得企業（**被取得者：acquiree**）とは，これとは逆に取得企業が支配を獲得した事業（企業）のことをいいます。

また，ここで**事業**とは，投資家またはその他の所有者，構成員もしくは参加者に対して，配当や費用の低減またはその他の経済的な便益の見返りを直接的に提供する目的で実施され，管理されることが可能な，活動および資産の統合された組合せをいいます。

2 企業結合の適用範囲

企業結合に関し，IFRS3では，以下を除くことにしています。

---

① ジョイント・ベンチャーの形成
② 事業（business）の定義を満たさない資産または資産グループの取得
③ 共通支配下（under common control）にある企業同士の企業結合

182

Chapter 14 企業結合 (IAS 3)

　ジョイント・ベンチャーに関する**適用除外**は，あくまで「ジョイント・ベンチャーの形成」であり，ジョイント・ベンチャーを開始する取引についてのみです。

　よって，既存のジョイント・ベンチャーが関与する企業結合については，適用対象となります。

　共通支配下にある企業同士の企業結合については，これに関する類推適用可能な他のガイダンスも存在しないので，企業は個々の状況や取引の実態を十分検討し，共通支配下の企業結合の会計処理を決定する必要があります。

3　企業結合の会計処理

　企業結合に関しては，**取得法**（acquisition method）による会計処理が求められています。**取得法**とは，取得日に被取得企業の識別可能資産および負債，取得企業が支払った取得の対価，非支配持分をすべて**取得日の公正価値で認識・測定する方法**をいいます。

　改訂に当たって，**パーチェス法**から**取得法**という用語に変更しています。また，**少数株主持分**（minority interest）についても過半数持分の所有者が支配していない場合や少数株主が支配している場合があるため，**非支配持分**（non-controlling interest）という用語を用いています。

183

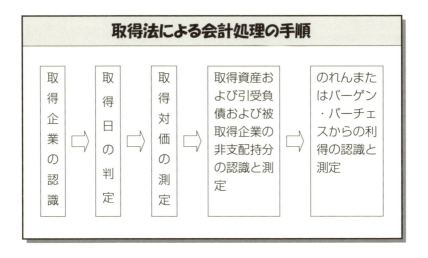

▷取得企業の認識

　取得法では,企業結合において必ず**一方が取得企業,他方が被取得企業**となります。つまり,取得企業の識別が可能でなければならず,基本的に支配の獲得を基準として行われます(IAS 27を適用)。しかし,取得者が必ずしも明らかでない場合,次のような規定により総合的に判断されることになります。

・現金等の譲渡,負債の引受けにより実施される場合,これを行った企業が取得企業となります。
・株式の交換等で行われた企業結合では,通常発行を行う結合当事者が取得企業となりますが,結合後の議決権の保有比率,結合後の企業の大きな少数議決権,結合後の企業における監督機関(取締役会)の過半数の選任や企業の経営陣を選出する能力,企業結合の対価として交付される株式に対する公正価値以上のプレミアム支払いの有無等の点も考慮されます。

Chapter 14　企業結合（IAS 3）

・企業結合当事者間で関連規模が著しく大きい場合，その企業
　が取得企業となります。
・3つ以上の企業による企業結合では，相対的な規模のほか，
　企業結合を主導した企業がどれかも考慮します。

▷取得日の判定

　取得日（acquisition date）とは，取得企業が被取得企業の支配を獲得し
た日をいいます。

▷取得対価の測定

　取得対価とは，取得企業が取得に際して支払った対価をいいます。取
得対価は取得日の公正価値で測定されます。対価の種類としては，現金
その他の資産の提供，被取得企業の負債の引受けまたは持分金融商品の
発行といった形もあります。なお，IFRS 3 では，取得対価の測定に関す
る留意点についても次のように規定されています。

・企業結合における取得関連費用（手続費用，専門家報酬等）は，
　取得対価に含めず，これらが発生した期の費用として認識し
　ます。
・将来の特定の条件を満たす場合に追加的に対価の支払の取決
　め（条件付対価）を行う場合，取得企業はこの**条件付対価**
　（contingent consideration）を取得日の公正価値で測定し
　てその性質に応じて負債または持分として認識しなければな
　りません。
・段階的取得における既存の投資持分についても取得日時点の
　公正価値で再測定する必要があります。その結果，帳簿価額
　と差が生じる場合には損益として認識します。

185

▷取得資産および引受負債および被取得企業の非支配持分の認識と測定

　被取得企業からの識別可能な（identifiable）取得資産（assets acquired）および引受負債（liabilities assumed）は，原則として**取得日の公正価値**（acquisition-date fair values）で測定されます。

　被取得企業のすべての**非支配持分**は，公正価値で測定するかまたは被取得企業の識別可能純資産および負債の比例分として測定するか，いずれかの方法で行われます。

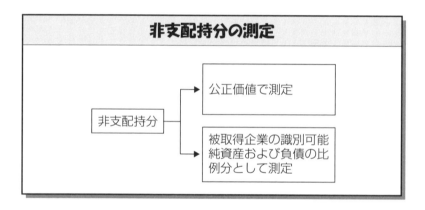

▷のれんまたはバーゲン・パーチェスからの利得の認識と測定

　IFRSでは，①公正価値で認識・測定された取得の対価（段階取得がある場合には既存持分を含む）非支配持分が，②公正価値で認識・測定された識別可能資産および負債の純額（識別可能純資産）を**上回る場合**，その差額を**のれん**（goodwill）として認識します。

Chapter 14 企業結合 (IAS 3)

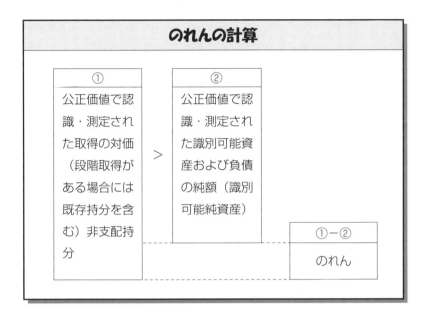

なお,非支配持分の取得対価としての測定について非支配持分を**公正価値で評価した場合**には,親会社持分と子会社持分の両者から認識(**全部のれん**)します。また,非支配持分を**識別可能な純資産に非支配持分比率を乗じた額で評価した場合**には,親会社持分からのみ認識(**購入のれん**)します。

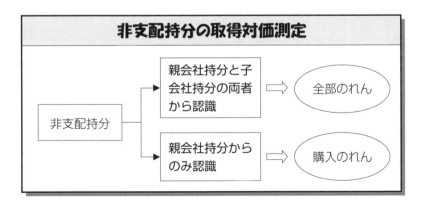

通常，**全部のれんアプローチ**によりのれんの認識・測定を行うと，**購入のれんアプローチ**の場合よりのれんの金額が大きくなるため，減損処理を行った場合の影響も大となります。

逆に，①公正価値で認識・測定された取得の対価（段階取得がある場合には既存持分を含む）非支配持分が，②公正価値で認識・測定された識別可能資産および負債の純額（識別可能純資産）を**下回る場合**，この企業結合を**バーゲン・パーチェス**（bargain purchase）とし，**負ののれんとして認識します**。

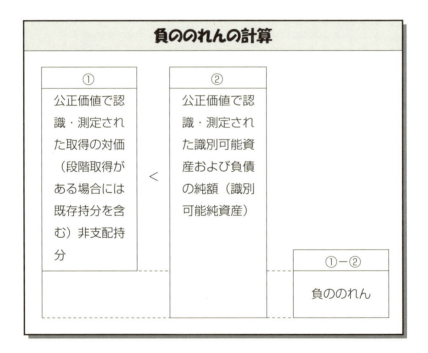

Chapter 14　企業結合（IAS 3）

4　企業結合におけるのれん

IFRSと日本の会計基準では，のれんの認識が異なります。

のれんの認識	
IFRS	日本基準
取得価額と被取得企業の貸借対照表の時価順資産との差額を，さらに顧客名簿，ブランド価値，フランチャイズ契約，ソフトウェアなどの無形資産に分配し，最後に残った分	企業結合における取得価額と被取得企業の貸借対照表の時価順資産との差額

IFRSでは，①取得価額と被取得企業の貸借対照表の時価純資産との差額を，さらに顧客名簿，ブランド価値，フランチャイズ契約，ソフトウェアなどの無形資産に分配し，最後に残った部分をのれんとしますが，日本の会計基準では，②企業結合における取得価額と被取得企業の貸借対照表の時価純資産との差額をのれんと認識し，取得企業の貸借対照表に無形固定資産として計上します。

またIFRSは，無形資産を詳細なレベルで，注記情報として情報開示することを取得企業に求めています。

189

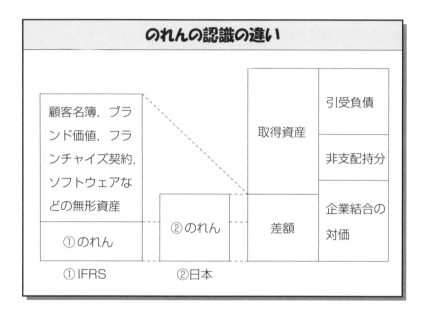

5 のれんの償却

　IFRSでは，のれんを償却しませんが，日本基準では，連結財務諸表上，20年以内に償却することが求められています。

　のれんや償却しない無形資産は，当初見込んだ通りの収益が減損テストにおいて実証できなければ，**減損処理の対象**となります。

　IFRSでは毎年の減損テストの実施が義務付けられており，取得した会社の業績が悪化した場合には，計上しているのれんを減損することになります。

　また，逆に**負ののれん**の場合には，**利益処理の対象**となります。

Chapter 14　企業結合（IAS 3）

のれんの償却に関する比較		
	IFRS	日本基準
のれん	減損処理の対象	20年以内の期間にわたり規則的に償却
負ののれん	利益処理の対象	20年以内の期間にわたり規則的に償却

CHAPTER 15

連結と持分法（IFRS 10）

1 連結財務諸表とは何か

2 連結財務諸表と会計主体

3 連結の範囲と支配概念

4 連結財務諸表の作成

5 子会社に対する所有持分の変動

6 関連会社とジョイント・ベンチャーの会計処理

1 連結財務諸表とは何か

　企業活動の集団化，持株会社の設立といった企業活動を取り巻く環境の変化とともに，連結財務諸表の重要性が高まってきました。

　IASBの連結会計基準は，2011年5月に，IAS 27「連結および個別財務諸表」（Consolidated and Separate Financial Statements）を改訂したIFRS 10「連結財務諸表」（Consolidated Financial Statements）です。

　IFRS 10は，企業が他の企業を支配している場合の連結財務諸表の作成および表示について取り扱っています。

　連結財務諸表とは，親会社およびその子会社の資産，負債，持分，収益，費用およびキャッシュ・フローを**単一の経済的実体**（single economic entity）のものとして表示する**企業集団の財務諸表**です。

　連結財務諸表は，報告企業（reporting entity）を経済的実体として捉えた場合に作成される財務諸表です。

　報告企業の捉え方には，**法的実体と経済的実体**の2つがあります。

　法的実体は，法律上の1つの実体を1つの**報告企業**とする考え方です。法的実体に基づいた財務諸表は，（個別）**財務諸表**です。

　経済的実体は，法律上は1つ1つが独立した実体でありながら，経済上緊密な関係にある親会社と子会社とを連結して，1つの**報告企業**とする考え方です。**経済的実体**に基づいた財務諸表は，**連結財務諸表**です。

194

Chapter 15　連結と持分法（IFRS 10）

　現在，多くの国々において，**報告実体を経済的実体**として捉えた**連結財務諸表**が**主要財務諸表**となっています。

🔑 KEYWORD	
企 業 集 団	**親会社**（parent）とその**子会社**（subsidiaries）
親 会 社	1つまたは複数の企業を支配している企業
子 会 社	他の企業（親会社）により**支配**されている企業

連結財務諸表の制度化

　日本では，1975年に企業会計審議会が『連結財務諸表の制度化に関する意見書』を公表して，「連結財務諸表原則」を設定しました。これによって，証券取引法の下，1977年4月以降に開始する事業年度から，上場企業その他一定の企業に対して，**有価証券報告書の添付書類**として，連結財務諸表の提出が義務付けられました。

　1997年に，企業会計審議会は，『連結財務諸表制度の見直しに関する意見書』を公表して，「連結財務諸表原則」を改訂しています。これによって1999年度以降，連結財務諸表は有価証券報告書における添付書類から，**主要財務諸表**として公表されるようになりました。

　その後，2008年にASBJが企業会計基準第22号「連結財務諸表に関する会計基準」を公表し（2013年に会計基準の国際的収斂（しゅうれん）を意識して改訂），現在へと至っています。

195

2　連結財務諸表と会計主体

　連結財務諸表は，連結財務諸表を誰の立場から作成するかといった**会計主体**の考え方が異なることによって，作成方法および内容が異なってきます。IFRS 10は，**会計主体**をどのように考えるかを明らかにしていません。

　連結財務諸表に関する**会計主体**の考え方には，以下の３つがあります。

会計主体説
(1)　資本主説（proprietary theory）
(2)　親会社説（parent company approach）
(3)　実体説（経済的単一体説）（entity theory, economic unit concept）

(1)　資本主説

　資本主説の下では，**報告企業は資本主あるいは所有者そのものであって**，資本主あるいは所有者から区別されたそれ自体の実体は存在しないと考えます。

　報告実体が所有する資源は，**資本提供者の資源**であり，実体自身の資源ではありません。

　資本主説に基づいた財務諸表では，報告実体に関する所有者の資産，貸付者およびその他の債権者に対する所有者の負債，および正味残余所有者持分が表示されることになります。

196

Chapter 15　連結と持分法（IFRS 10）

(2)　親会社説

親会社説は，連結実務を説明および整理する方法として，**会計実務**から発展した考え方で，資本主説と実体説との中間に位置付けられます。

親会社説は，連結企業集団の資産，負債，収益および費用に関する情報の表示において，**親会社の株主**に焦点を当てます。

非支配持分（non-controlling interests）は，親会社持分と考えませんから，持分以外で表示されることになります。

親会社説は，いわゆる親会社の株主といった特定の資本提供者に対して有用な情報を提供する手段として解釈されます。

🔑 KEYWORD	
非 支 配 持 分	子会社に対する持分のうち，親会社に直接または間接に帰属しない部分

(3)　実体説（経済的単一体説）

実体説（経済的単一体説）の下では，**報告実体**はその所有者とは区別されたそれ自身の実体を有すると考えます。

資本提供者により提供される経済的資源は，**実体の資源**であり，資本提供者の資源ではありません。資本提供者は報告実体の経済的資源に対する請求権を与えられることになります。

実体説に基づいた財務諸表は，その実体の経済的資源と資本提供者が保有するそれらの資源に対する請求権を表示します。

197

昨今では，事業の所有者と事業それ自体との間の乖離が進んでいます。

実体説は，今日の実体が資本提供者から区別されるという事実にいっそう整合した考え方です。

実体説に基づいた**連結財務諸表**は，親会社説以上に広範囲の資本提供者に焦点を当てることから，すべての資本提供者に有用な情報を提供することになります。

日本の連結会計基準の特徴（1）〜会計主体の捉え方〜

2013年に改訂される前の企業会計基準第22号の「結論の背景」では，連結財務諸表の作成には，**親会社説**と**経済的単一体説**の2つの考え方があることを述べた上で，**親会社説**の考え方を採用していることが説明されていました。

2013年に改訂された企業会計基準第22号（2013年企業会計基準第22号）は，子会社株式の追加取得の場合等において，IFRS 10と同様の会計処理へと収斂させたことに伴い，会計主体に関する説明を行っていません。

---

3 連結の範囲と支配概念

連結財務諸表は，**親会社**とそのすべての**子会社**を含めた**企業集団**の財務諸表です。

連結財務諸表に含まれる**企業集団**の範囲は，連結の範囲の決定基準に従って決定されます。

Chapter 15　連結と持分法（IFRS 10）

　連結の範囲の決定基準では，支配（control）が重要な判断基準です。IFRS 10における連結の範囲の決定基準は支配力基準です。

　支配力基準は，支配をどのように捉えるかによって，次の２つから説明されます。

連結の範囲の決定基準	
(1)　（過半数）持株基準	支配を過半数議決権の所有によって判断する。
(2)　支配力基準	支配を過半数議決権の所有だけでなく，それ以外の要因を含めて判断する。

　IFRS 10では，報告企業である投資企業（investor）は，被投資企業（investee）への関与の仕方にかかわらず，被投資企業を支配するか否かを評価することにより，投資企業が親会社か否かを決定しなければならないと規定しています。

　そこでの支配は，以下の３つの特徴から説明されます。

① 被投資企業に対する力

　これは，投資企業が被投資企業のリターンに重要な影響を与えるような関連する活動（relevant activities）を指示する現在の能力を，自らに与える権利を有している場合に存在します。

　関連する活動の例には，商品またはサービスの売買，金融資産の存続期間における管理，資産の選定，取得または処分，新しい製品またはプロセスの研究開発，資金構造の決定または資金調達があります。

199

被投資企業に対する力は，議決権，契約上のアレンジメント等から評価されます。

② 被投資企業への関与から生じる変動するリターンにさらされているか，あるいは変動するリターンに対する権利

これは，被投資企業の業績によって，被投資企業に対する関与から生じる投資企業へのリターンが変動する可能性がある場合に存在します。

③ 投資企業のリターンに影響を及ぼすために，被投資企業に対して力を使用する能力

これは，被投資企業への関与から，投資企業のリターンに影響を及ぼすような力を有している場合に存在します。

支配に関する評価は，被投資企業の目的とデザインを検討して行われます。IFRS 10の支配の判定基準は，経済的実質を反映したものと考えられます。

Chapter 15　連結と持分法（IFRS 10）

4　連結財務諸表の作成

連結財務諸表の作成では，以下の2点に注意が必要です。

親会社と子会社の財務諸表を結合する場合の注意事項	
(1)　決算日の統一	連結財務諸表の作成に用いる親会社および子会社の財務諸表は，原則として，同じ日現在で作成したものでなければなりません。 仮に，親会社と異なる日現在で作成したものである場合には，親会社の財務諸表の日との間に生じた重要な取引または事象の影響について調整します。 ただし，いかなる場合も，親会社と子会社の報告期間の末日は，3か月を超えてはなりません。
(2)　会計方針の統一	連結財務諸表は，類似の状況における同様の取引および事象に関し，統一された会計方針を用いて作成されなければなりません。

連結財務諸表は，単一の経済的実体の財務情報として，企業集団に関する財務情報を表示できるように，次の手続きで作成されます。

201

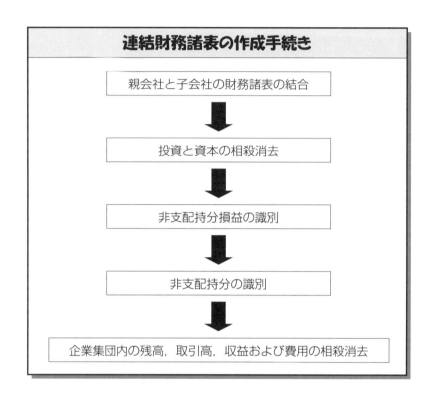

▷親会社と子会社の財務諸表の結合

　資産，負債，持分，収益および費用の類似項目ごとに合算することによって，親会社と子会社の財務諸表を結合します。

▷投資と資本の相殺消去

　親会社の子会社に対する投資とこれに対応する子会社の資本を相殺消去します。

　親会社の子会社に対する投資の金額は，支配獲得日の**公正価値**です。
　投資と資本の相殺消去の結果，差額が生じる場合には，当該差額をのれん（または**負ののれん**）とします。

Chapter 15　連結と持分法（IFRS 10）

▷非支配持分損益の識別

　報告期間の純損益およびその他の包括利益の各要素は，**親会社の株主持分**と**非支配持分**に帰属させます。

▷非支配持分の識別

　連結財政状態計算書上，**非支配持分**は，**親会社の株主持分**とは区別して**持分**に含めて表示します。

　非支配持分を**持分**に含めて表示する理由は，それが概念フレームワークにおける負債の定義を満たしていないこと，および企業集団内の子会社の一定の株主が保有する当該子会社の純資産に対する残余持分を表しており，持分の定義を満たすことから説明されます。

日本の連結会計基準の特徴(3)～非支配株主持分～

　2013年企業会計基準第22号は，IFRS 10における非支配持分を，**非支配株主持分**と呼んでいます。

　日本の**非支配株主持分**は，純資産の部の**株主資本以外**として区分表示されます。

　非支配株主持分が株主資本に含められない理由について，改訂前企業会計基準第22号は，親会社の株主に帰属するもののみを連結貸借対照表における株主資本に反映させる**親会社説**の考え方によると説明していましたが，2013年企業会計基準第22号では，明確に説明されていません。

203

▷企業集団内の残高，取引高，収益および費用の相殺消去

　企業集団内の残高および取引高等は，全額を相殺消去します。

5　子会社に対する所有持分の変動

▷支配が喪失しない場合

　子会社に対する親会社の所有持分の変動で，支配の喪失にならないものは，**資本取引**として会計処理します。

　所有持分が変動した場合には，親会社は，支配持分と非支配持分の帳簿価額を相対的な持分の変動を反映するために修正しなければなりません。

　非支配持分の調整額と，支払対価または受取対価の公正価値との差額は，資本に計上して，親会社の所有者に帰属させます。

日本の連結会計基準の特徴(4)～支配が喪失しない持分の変動～

　2013年企業会計基準第22号は，支配の喪失が生じない子会社に対する親会社の所有持分の変動を，IFRS 10と同様に，**資本取引**として扱っています。これは，改訂前企業会計基準第22号が，のれんおよび子会社株式売却損益を認識する損益取引としていたことからの変更点です。

　これもまた，日本の連結会計基準が**親会社説**から説明困難となっていることを表しています。

204

Chapter 15　連結と持分法（IFRS 10）

▷支配が喪失した場合

親会社が子会社の支配を喪失した場合，以下の会計処理を行います。

	支配喪失時の会計処理
(1)	子会社の資産（のれんを含む）および負債について，支配喪失日現在の帳簿価額で認識の中止を行います。
(2)	以前の子会社に対する非支配持分の支配喪失日現在の帳簿価額について認識の中止を行います。
(3)	次のものを認識します。 ● 支配の喪失を生じる取引，事象または状況による受取対価の公正価値 ● 支配の喪失を生じる取引が，所有者としての立場での所有者に対する子会社株式の分配を伴う場合には，その分配
(4)	以前の子会社に対する残存投資を，支配喪失日現在の公正価値で認識します。
(5)	他のIFRSの規定に従って，子会社に関連するその他の包括利益に認識された金額のすべてを純損益に振り替えるかまたは利益剰余金に振り替えます。
(6)	生じた差額について，利得または損失として親会社に帰属する純損益に認識します。

6　関連会社とジョイント・ベンチャーの会計処理

▷関連会社と重要な影響力基準

IAS 28「関連会社およびジョイント・ベンチャーに対する投資」
(Investments in Associates and Joint Ventures) は，関連会社 (Associates)
に対する投資の会計処理を定め，関連会社およびジョイント・ベンチャー (Joint Venture) に対する投資を会計処理する際の持分法 (equity

205

method）の適用について取り扱っています。

　関連会社とは，投資企業が**重要な影響力**（significant influence）を有している企業をいいます。

　関連会社の決定においては，**重要な影響力**が判断基準です。

　重要な影響力は，被投資企業の財務および営業方針の決定に参加するパワーであるが，当該方針に対する支配または共同支配ではないものをいいます。

　重要な影響力の有無は，次の条件をもとに判定されます。

重要な影響力の有無の判定	
(1)	投資企業が，直接または間接的に保有している被投資企業の議決権割合が20％以上で，明らかな反証が認められない場合
(2)	ただし，仮に20％未満であっても，以下の1つ以上の方法で証拠付けられる場合 　① 被投資企業の取締役会または同等の経営機関への参加 　② 配当やその他の分配の決定等，方針の決定過程への参加 　③ 投資企業と被投資企業間の重要な取引 　④ 経営陣の人事交流 　⑤ 重要な技術情報の提供

Chapter 15　連結と持分法（IFRS 10）

▷ジョイント・ベンチャーと契約上の取決め

　ジョイント・ベンチャーとは，契約上の取決め（arrangement）を共同で支配する当事者が，その契約上の取決めの純資産に対する権利を有している場合の，共同の契約上の取決めをいいます。

　共同の契約上の取決めとは，複数の当事者が共同支配する契約上の取決めです。

▷持分法の会計処理

　関連会社またはジョイント・ベンチャーに対する投資は，持分法（equity method）により会計処理されます。

　持分法とは，投資を最初に原価で認識し，それ以降，被投資企業の純資産に対する投資企業の持分の取得後の変動に応じて，帳簿価額を修正する会計処理方法です。

　投資企業の純損益には，被投資企業の純損益に対する投資企業の持分が含まれます。

　投資企業のその他の包括利益には，被投資企業のその他の包括利益に対する投資企業の持分が含まれます。

　ジョイント・ベンチャーの会計処理では，これまで比例連結（proportionate consolidation）または持分法による会計処理が規定されていました。

　比例連結の適用が廃止された理由は，概念フレームワークにおける資産および負債の定義を満たさない項目が計上される可能性があるからです。

207

CHAPTER 16

外貨換算（IAS 21）

1 外貨換算会計とは何か
2 外貨建取引と機能通貨概念
3 外貨建取引の機能通貨での報告
4 機能通貨以外の表示通貨の使用

1 外貨換算会計とは何か

外貨換算会計は，企業活動の国際化および資金調達の国際化による**多国籍企業**の出現に伴って注目されるようになりました。

IASBの前身であるIASCは，1983年にIAS 21「外国為替レート変動の影響に関する会計」を公表して，**外貨換算会計基準**を規定しました。現在適用されているのは，2005年に改訂されたIAS 21「外国為替レート変動の影響」（The Effects of Changes in Foreign Exchange Rates）です。

IAS 21は，以下の３つの事項を取り扱っています。

IAS 21の範囲	
(1)	外国通貨での取引（**外貨建取引**（foreign currency transaction））および残高をどのように会計処理するか
(2)	企業の財務諸表の中に連結あるいは持分法により含められる**在外営業活動体**（foreign operations）の**業績**および**財政状態**をどのように換算するか
(3)	企業の**業績**および**財政状態**をどのように**表示通貨**（presentation currency）に換算するか

210

Chapter 16　外貨換算（IAS 21）

外貨換算会計基準の制度化

　日本では，1968年以降，外貨建取引と外貨表示財務諸表項目に関する換算基準を，「企業会計上の個別問題に関する意見」として公表してきました。正式な会計基準は，1979年に企業会計審議会が公表した「外貨建取引等会計処理基準」です。

　現在の日本の外貨換算会計基準は，企業会計審議会によって，1999年に改訂および公表された「外貨建取引等会計処理基準」です。日本の外貨換算会計基準は，以下のように分類して規定しています。

① 外貨建取引
② 在外支店の財務諸表項目の換算
③ 在外子会社等の財務諸表項目の換算

2 外貨建取引と機能通貨概念

　外貨建取引とは，外貨で表示されているかまたは外貨での決済を必要とする取引で，以下のような取引を行う場合を含みます。

外貨建取引に含まれる取引

(1)	価格が外貨で表示されている財貨の売買または役務の授受をする場合
(2)	未収金または未払金の金額が外貨で表示されている資金の借入れまたは貸付けをする場合
(3)	その他の方法により外貨で表示されている資産を取得するかもしくは処分する場合，または負債を負うかもしくは決済する場合

211

IAS 21における**外貨**の定義は，「企業の**機能通貨**(functional currency)
以外の通貨」です。

機能通貨とは，企業が営業活動を行う主たる経済環境の通貨です。

これは，単独企業，親会社のような**在外営業活動体**を有する企業また
は子会社や支店のような**在外営業活動体**といった報告企業が財務諸表を
作成するとき，当該企業の業績および財政状態を測定する通貨です。

機能通貨を決定するときには，以下のような要因が考慮されます。

機能通貨の決定で考慮する要因	
(1)	次の通貨 ● 財貨および役務の販売価格に大きく影響を与える通貨（通常，財貨および役務の販売価格が表示され，決済される通貨） ● 競争力および規制が財貨と役務の販売価格を主に決定することになる国の通貨
(2)	労務費，材料費ならびに財貨および役務を提供するためのその他の原価に主に影響を与える通貨（通常，原価が表示され，決済される通貨）

IAS 21は，**機能通貨**概念を中心に据えて，これまでと異なって，外貨
換算会計基準を次の2つに分類しています。

IAS 21における外貨建取引の換算会計の分類	
(1)	外貨建取引の**機能通貨**での報告
(2)	外貨建取引の**機能通貨以外の表示通貨**での報告

Chapter 16　外貨換算（IAS 21）

KEYWORD	
外貨建取引	外貨で表示されているかまたは外貨で決済を必要とする取引
外貨	企業の機能通貨以外の通貨
機能通貨	企業が営業活動を行う主たる経済環境の通貨
表示通貨	財務諸表が表示される通貨

日本の外貨換算会計基準の特徴（1）〜外貨建取引の定義〜

　日本の外貨換算会計基準は，**外貨建取引**を，売買価額その他の取引価額が**外貨**で表示されている取引をいうと定義しています。

　この定義は，一見，IAS 21と類似しているように思われます。

　しかし，IAS 21の**外貨建取引**の定義は，企業の**機能通貨以外**の通貨による取引であるのに対して，日本の外貨換算会計基準の定義は，**日本の通貨以外**による取引である点に相違があります。

　日本の外貨換算会計基準は，**機能通貨**概念を用いて規定されていません。

3　外貨建取引の機能通貨での報告

▷当初認識

　外貨建取引は，**機能通貨**による当初認識において，取引日における機能通貨と当該外貨との間の**直物為替レート**（spot exchange rate）を外貨額に適用して**機能通貨**で計上されます。

213

日本の外貨換算会計基準の特徴(2)～当初認識時の換算～

　日本の外貨換算会計基準も，原則として，**取引発生時の為替レート**によって換算することを規定していますが，取引発生時の為替レートとして，取引が発生した日における**直物為替レート**のほかに，取引が行われた月または週等の直近の一定期間の直物為替レートに基づいて算定された**平均レート**も認めています。

▷当初認識後の報告期間の末日における報告

　各報告期間の末日において，各項目は，以下のように換算されます。

報告期間の末日における換算

(1)	外貨建貨幣性項目は，**決算日レート**を用いて換算しなければなりません。
(2)	外貨建の取得原価において測定されている非貨幣性項目は，**取引日の為替レート**を用いて換算しなければなりません。
(3)	外貨建の公正価値で測定されている非貨幣性項目は，**公正価値が決定された日の為替レート**で換算しなければなりません。

🔑 KEYWORD

直物為替レート _{じかもの}	即時受渡しに係る為替レート
貨幣性項目	保有している通貨単位，および固定または決定可能な通貨単位で受領または支払うことになる資産および負債
公正価値	独立第三者間取引において，取引の知識がある自発的な当事者間で，資産が交換され得るまたは負債が決済され得る価額

Chapter 16 外貨換算（IAS 21）

▷為替差額の認識

為替差額（exchange difference）とは，ある通貨の特定の数量単位を異なった為替レートにより他の通貨に換算することにより生ずる差額です。

為替差額は，以下のように認識します。

為替差額の認識	
(1)	貨幣性項目の決済または貨幣性項目の換算の結果生じた為替差額は，在外営業活動体に対する報告企業の正味投資額の一部を構成するものを除き，**発生する期間の損益**に認識します。
(2)	非貨幣性項目に係る利得または損失が**その他の包括利益**（OCI）に認識される場合には，当該利得または損失の為替差額は**OCI**に認識します。
(3)	非貨幣性項目に係る利得または損失が当期損益に認識される場合には，当該利得または損失の為替差額は**当期損益**に認識します。
(4)	在外営業活動体に対する報告企業の正味投資額の一部を構成する貨幣性項目について生じる為替差額は，個別財務諸表上で，**当期損益**に認識します。

日本の外貨換算会計基準の特徴（3）～為替差額の認識～

日本の外貨換算会計基準は，為替差額の処理について，原則として**当期損益**に認識するように規定しています。

ただし，有価証券の時価の著しい下落または実質価額の著しい低下により，決算時の為替レートで換算されたことに伴う為替差額は，当該**有価証券の評価損**として処理することを規定しています。

215

4 機能通貨以外の表示通貨の使用

　企業はいかなる通貨（または複数の通貨）でも財務諸表を表示することができます。

　企業集団に異なった**機能通貨**を用いる企業が含まれている場合，**連結財務諸表**を表示するため，各企業の業績と財政状態は共通通貨で表示されます。

　機能通貨が**表示通貨**と異なる場合には，企業の業績と財政状態は，以下の手続きによって表示通貨に換算されなければなりません。

機能通貨が超インフレ経済化の通貨でない場合	
(1)	資産と負債は，財政状態計算書の日現在の**決算日レート**で換算します。
(2)	収益および費用は，**取引日の為替レート**で換算します。実務上の理由から，取引日の為替レートに近似するレート，例えば，期中の平均レートの使用も容認されます。
(3)	換算の結果生じる**為替差額**は，**OCI**に認識します。

機能通貨が超インフレ経済化の通貨である場合
IAS 29「超インフレ経済下における財務報告」に従って，財務諸表を修正表示した上で，資産，負債，資本，収益および費用のすべてを，財政状態計算書の日現在の**決算日レート**で換算します。

Chapter 16 外貨換算（IAS 21）

為替差額は，以下の理由から生じることになります。

為替差額が生じる理由	
(1)	収益および費用の取引日レートによる換算と，資産および負債の決算日レートでの換算
(2)	前回の換算に用いられた決算日レートと異なる今回の決算日レートによる期首の純資産の換算

日本の外貨換算会計基準の特徴(4)〜外貨表示財務諸表項目の換算〜

　日本の外貨換算会計基準は，**外貨表示財務諸表項目**の換算について，**機能通貨**の概念を用いず，**在外支店**の場合と**在外子会社**の場合とに区別して規定しています。

　日本の**在外支店**の財務諸表項目の換算は，IAS 21における「外貨建取引の機能通貨での報告」に一致します。**在外支店**の財務諸表項目の換算では，外貨建取引について，本店と同様に処理することが規定されています。

　日本の**在外子会社**の財務諸表項目の換算は，IAS 21における「機能通貨以外の表示通貨の使用」に一致します。**在外子会社**の財務諸表項目の換算では，**決算日レート法**による換算が規定されています。

　ただし，**収益および費用**は，原則として**期中平均レート**を用いて換算することが規定されていて，その上で，**決算日レート**を用いることも容認されています。

217

アメリカにおける外貨換算会計基準～機能通貨アプローチ～

　機能通貨概念は，アメリカのFASBが，1981年に財務会計基準書（SFAS）52「外貨換算」（Foreign Currency Translation）を公表して，その中で採用した概念です。

　SFAS52は，外貨表示財務諸表項目の換算に関して，機能通貨が**本国通貨**である場合と**現地国通貨**である場合とに区分して，状況に応じて外貨表示財務諸表項目の換算基準を使い分ける**機能通貨アプローチ**（Functional Currency Approach）を規定しました。

機能通貨アプローチによる換算		
(1)	機能通貨が本国通貨である場合	テンポラル法
(2)	機能通貨が現地国通貨である場合	カレント・レート法

CHAPTER 17

セグメント報告（IFRS 8）

1 セグメント情報とは何か
2 マネジメント・アプローチの採用
3 セグメント情報の開示基準

1 セグメント情報とは何か

　IFRS 8「事業セグメント」（Operating Segments）は，企業の事業セグメントについての情報開示，ならびに企業の製品とサービス，事業を行う地域および主要顧客の情報開示について取り扱っています。

　IASBの前身であるIASCは，1981年にIAS 14「セグメント別財務情報の報告」を公表して，産業（industry）セグメントおよび地域（geographical）セグメントごとの財務情報の開示を規定しました。現在適用されているのは，2006年に公表されたIFRS 8です。

　セグメント情報は，企業集団における各構成単位の財務情報です。

　企業活動が集団化するのに伴い，**連結財務諸表**が世界的に作成および開示されています。
　連結財務諸表は，多角化および国際化された企業集団を単一の経済的実体とみなして，企業集団の財政状態，経営成績およびキャッシュ・フローの状況を総合的に報告するために作成されます。
　しかし，**連結財務諸表**では企業集団の構成単位の状況が明らかでありません。

　セグメント情報は，財務諸表利用者に対して企業集団の過去の業績および将来の予測についての意思決定に役立つ情報を提供すると考えられて，開示が要求されてきました。

Chapter 17 セグメント報告（IFRS 8）

セグメント情報開示の制度化

　日本では，1985年の「財務諸表等の用語，様式および作成方法に関する規則」および1982年「連結財務諸表の用語，様式および作成方法に関する規則」が，事業の種類別セグメントにおける収益および費用に関して情報開示することを容認していたに過ぎませんでした。

　セグメント情報の開示が規定されたの，1988年に企業会計審議会が公表した『セグメント情報の開示に関する意見書』においてです。

　日本の「セグメント情報の開示基準」は，事業の種類別セグメントおよび国内・在外別セグメントごとに，売上高，売上総損益，営業損益，経常損益その他の財務情報，ならびに海外売上高に関する情報を開示することを規定していました。

　現在適用されているのは，ASBJが2008年に設定した企業会計基準第17号「セグメント情報等の開示に関する会計基準」です。

2　マネジメント・アプローチの採用

　IFRS 8は，事業セグメントの決定に関して，マネジメント・アプローチ（management approach）を採用しています。

　マネジメント・アプローチは，1997年にアメリカのFASBが公表した財務会計基準書（SFAS）131「企業のセグメントおよび関連情報に関する開示」において，初めて採用された方法です。

221

マネジメント・アプローチは，以下の３点を考慮して**セグメント情報**を開示する方法です。

セグメント情報の開示におけるマネジメント・アプローチ	
(1)	セグメントを定義する適切な基礎は何か
(2)	どのような会計原則および配分を使用すべきか
(3)	どのような特定の情報が開示されるべきか

(1) **セグメントを定義する適切な基礎は何か**

マネジメント・アプローチは，経営者が営業上の意思決定を行い，業績を評価するために，企業の中で**セグメント**を分類する方法を基礎とした方法です。

マネジメント・アプローチは，企業の意思決定者が営業方針の決定において利用する財務情報に焦点を当てます。

事業セグメントとは，このような**経営者が確立した構成単位**です。

マネジメント・アプローチには，以下のような長所が指摘されます。

マネジメント・アプローチの長所	
(1)	企業の内部管理報告に基づいて，セグメントが報告される。
(2)	年次報告書の他の箇所といっそう整合的なセグメントが報告される。
(3)	いくつかの企業は，いっそう多くのセグメントを報告する。
(4)	中間財務報告書に，いっそう多くのセグメント情報が開示される。

Chapter 17　セグメント報告（IFRS 8）

　一方で，**マネジメント・アプローチ**に基づいた**事業セグメントの決定**には，以下のような反対意見も存在します。

	マネジメント・アプローチへの反対意見
(1)	企業の内部管理構造に基づいたセグメントは，類似の活動を行う企業間の比較を不可能にし，個別企業の年度間の比較も不可能にする。
(2)	企業は，製品およびサービス，または地域に基づいて組織されていないかもしれないので，企業のセグメントは，マクロ経済モデルを用いて分析することを困難にするかもしれない。
(3)	企業は戦略的に組織されているため，報告される情報は報告企業に対して競争上不利な影響を与えるかもしれない。

(2)　どのような会計原則および配分を使用すべきか

　セグメント情報において報告される金額の測定は，セグメントに資源を配分する意思決定を行い，その業績を評価する目的で，**最高経営意思決定者**（the chief operating decision maker）に報告される測定値でなければなりません。

　これは，企業の一般目的財務諸表において用いられている一般に認められた会計原則に準拠しない状況が生じる可能性を示唆します。

　これは，財務諸表利用者の**理解可能性**，セグメント情報の**検証可能性**等から問題です。

　しかし，内部管理構造を基礎としたセグメント情報が，**目的適合的**であることは明白であるとも考えられます。

223

(3) どのような特定の情報が開示されるべきか

　セグメント情報において開示される項目は，基本的に各セグメントについて完全な一組の財務諸表を必要とするであろう財務諸表利用者の要求と，セグメント情報の開示を好まないであろう財務諸表の作成者との間の均衡を考慮して規定されています。

　最高経営意思決定者が，検閲するセグメント利益または損失の中に規定された情報以外の項目が含まれている場合には，重要な非現金項目，利息収益・費用および法人所得税の追加開示が求められます。

🔑 KEYWORD	
最高経営意思決定者	企業の事業セグメントに資源を配分し，その業績を評価する人またはグループ

日本のセグメント情報等の開示基準

　マネジメント・アプローチは，ASBJが2008年に公表した「セグメント情報等の開示に関する会計基準」においても採用されています。

3 セグメント情報の開示基準

▷基本原則

　セグメント情報の開示における基本原則は，企業が行う事業活動，および企業が事業を行う経済環境の性質や財務的な影響を，財務諸表の利用者が評価できるように情報開示を行うことです。

Chapter 17　セグメント報告（IFRS 8）

▷事業セグメントの識別

　事業セグメントとは，企業の構成単位で，以下のすべての要件に該当するものです。

事業セグメントの識別	
(1)	その活動から収益を獲得し，費用を負担する事業活動に従事するもの（同一企業内の他の構成単位との取引に関連する収益および費用を含む）
(2)	企業の**最高経営意思決定者**が，当該セグメントに配分すべき資源に関する意思決定を行い，またその業績を評価するために，その経営成績を定期的に検討するもの
(3)	セグメントについて分離した財務情報を入手できるもの

▷報告セグメントの決定

　報告セグメントとは，セグメント別に財務報告しなければならないセグメントです。企業は，以下のいずれかを**報告セグメント**として区分して報告しなければなりません。

報告セグメントの決定	
(1)	事業セグメントとして識別されるかまたは**集約基準**（aggregation criteria）に従って集約された事業セグメント
(2)	**量的基準**（quantitative thresholds）を超過した事業セグメント

　集約基準は，複数の事業セグメントを1つの報告セグメントとして集約することができる基準です。

225

集約した報告セグメントとするためには，**事業セグメント**が，以下の
すべての点で類似した特徴を有していなければなりません。

集約基準	
(1)	製品およびサービスの性質
(2)	生産過程の性質
(3)	製品およびサービスの顧客のタイプまたは種類
(4)	製品を配送し，またはサービスを提供するための方法
(5)	適用可能であれば，銀行，保険または公益事業の規制環境

量的基準は，必ず１つの報告セグメントとして区分して報告しなけれ
ばならない基準です。

事業セグメントが独立した報告セグメントとなるには，以下のいずれ
かの基準を満たしていなければなりません。

量的基準	
(1)	報告収益（外部顧客への売上高およびセグメント間売上高もしくは振替高の双方を含む報告収益）がすべての事業セグメントの収益合計額（内部と外部からの収益合計額）の10％以上であること
(2)	報告損益の絶対額が次の大きい方の10％以上であること ● 損失を報告しなかったすべての事業セグメントの報告利益の合計額，または ● 損失を報告したすべての事業セグメントの報告損失の合計額
(3)	資産がすべての事業セグメントの資産合計額の10％以上であること

Chapter 17　セグメント報告（IFRS 8）

　　事業セグメントが報告する外部収益の合計額が，企業の収益合計額の75％未満である場合には，収益合計額の75％が報告セグメントに含められるまで事業セグメントを識別しなければなりません。

　　報告セグメントにならない他の事業活動および事業セグメントに関する情報は，結合して「**その他のすべてのセグメント**」の区分に開示しなければなりません。

　　その際，収益の源泉を記載します。ただし，識別される事業セグメントの数が10を超える場合には，企業は実務上の限度に到達したか否かを検討しなければなりません。

【設例：報告セグメントの決定方法】

　　内部報告の目的から，企業の事業活動が9つの事業セグメントに分けられており，それぞれの収益，利益および資産が下記【資料】の通りである場合の報告セグメントの決定は，以下のように行われます。

【資料】

（単位：CU）

	セグメント1	セグメント2	セグメント3	セグメント4	セグメント5	セグメント6	セグメント7	セグメント8	セグメント9	合計
収益										
外部	34,000	3,000	15,000	30,000	35,000	35,000	77,500	55,500	25,000	310,000
内部	35,000	34,000	12,500	2,200	–	1,500	7,800	2,300	–	95,300
合計	69,000	37,000	27,500	32,200	35,000	36,500	85,300	57,800	25,000	405,300
損益	21,500	24,500	-4,500	2,900	9,400	7,500	3,500	35,000	-21,250	78,550
利益	21,500	24,500		2,900	9,400	7,500	3,500	35,000		104,300
損失			-4,500						-21,250	-25,750
資産	12,250	77,800	25,000	24,000	40,000	7,730	145,000	55,000	4,300	391,080

227

① 売上基準・損益基準・資産基準（10%基準）からの報告セグメントの決定

(単位：%)

	セグメント1	セグメント2	セグメント3	セグメント4	セグメント5	セグメント6	セグメント7	セグメント8	セグメント9	合計
売上基準	17	9	7	8	9	9	21	14	6	100
損益基準*1)	21	23	4	3	9	7	3	34	20	100
資産基準	3	20	6	6	10	2	37	14	1	100
報告セグメント	*	*			*		*	*	*	

＊1）損益基準は，利益を計上しているセグメントの合計金額（CU 104,300）をもとに判断する。

損失を計上した事業セグメント3および事業セグメント9は，その絶対値をもとに計算する。

② 外部収益の75%基準からの報告セグメントの確認と追加

(単位：CU)

	セグメント1	セグメント2	セグメント3	セグメント4	セグメント5	セグメント6	セグメント7	セグメント8	セグメント9	合計
外部収益	34,000	3,000	15,000	30,000	35,000	35,000	77,500	55,500	25,000	310,000
報告セグメント	*	*			*		*	*	*	
報告セグメント	34,000	3,000			35,000		77,500	55,500	25,000	230,000
収益合計			*	*		*				74.2%*2)

＊2）報告セグメント合計（CU 230,000）÷外部収益合計（CU 310,000）＝74.2%

③ ②から判断された報告セグメントの売上合計が75%未満であるため，報告セグメントとして選択されていない。セグメント3，セグメント4およびセグメント6の中から，いずれか1つを報告セグメントとして識別して，残りの2つを「その他のセグメント」に区分して報告する。

(参考) Ernst & Young, *International GAAP 2009*, Vol. 2, Lexis Nexis, p. 2621.

報告セグメントの決定方法

(1)	売上基準，損益基準，資産基準が全体の中で10%以上である事業セグメントを報告セグメントとします。
(2)	外部からの収益の75%基準値を充足しているかを計算して，連結収益の75%未満である場合には，量的基準を満たさない事業セグメントとして，報告セグメントに追加します。
(3)	残りのセグメントは，「その他のセグメント」として追加します。

Chapter 17　セグメント報告（IFRS 8）

▷開　　示

　企業は，**包括利益計算書**が表示される期間ごとに，以下の情報を開示
しなければなりません。

	事業セグメント情報の開示項目
(1)	報告セグメントの一般情報 ①　企業を組織化する方法を含め，企業の報告セグメントを識別するために使用した要素 ②　各報告セグメントが収益を得る源泉となる製品およびサービスの種類
(2)	報告セグメントの純損益に含まれる特定の収益および費用を含めて，セグメント純損益，セグメント資産およびセグメント負債，ならびに測定基準に関する情報 ①　外部顧客からの収益 ②　同一企業内の他の事業セグメントとの取引による収益 ③　金利収益 ④　金利費用 ⑤　減価償却費および償却費 ⑥　IAS 1「財務諸表の表示」第97項に従って開示される重要な収益および費用 ⑦　持分法により会計処理される関連会社およびジョイント・ベンチャーの純損益のうち企業の持分 ⑧　法人所得税費用または利益 ⑨　減価償却費および償却費以外の重要な非資金項目

229

(3)	セグメント収益，報告セグメントの純損益，セグメント資産，セグメント負債およびその他の重要な項目の合計額とそれらに対応する企業の金額との調整
	① 報告セグメントの収益合計額と企業の収益
	② 報告セグメント純損益の測定値の合計額と，企業の税金費用（利益）および非継続事業前の純損益
	③ 報告セグメント資産の合計額と企業の資産
	④ セグメント負債が報告される場合，報告セグメント負債の合計額と企業の負債
	⑤ その他の開示された情報で重要なすべての項目について，報告セグメントの金額の合計額と対応する企業の金額
(4)	各製品およびサービスまたは類似の製品およびサービスごとの外部顧客からの収益
(5)	地域に関する情報
	① 企業の国内収益とされた外部顧客からの収益と，外国の収益とされた外部顧客からの収益の合計額 　個々の外国に帰属させた外部顧客からの収益が重要である場合には，基準を明らかにした上で，当該収益を区分して開示しなければならない。
	② 非流動資産で企業の本国に所在するもの，外国に所在するものの合計額 　個々の外国における資産が重要な場合には，当該資産を区分して開示しなければならない。
(6)	主要な顧客に関する情報。単一の外部顧客との取引による収益が企業の収益の10％以上である場合には，その事実，顧客からの収益の合計額，当該収益を報告するセグメント名

230

CHAPTER 18

退職給付（IAS 19）

1　退職給付の定義

2　確定拠出制度

3　確定給付制度

4　確定給付制度の会計処理

5　過去勤務費用および清算損益

6　保険数理上の仮定

7　財務諸表上の開示イメージ

8　改訂IAS 19における改善のポイント

9　日本基準との比較

1 退職給付の定義

IAS 19は，従業員給付（employee benefit）に関する基準であり，従業員給付とは，従業員が企業に提供した勤務への対価をいいます。

IAS 19では，**短期従業員給付**（short-term employee benefits），**退職後給付**（post-employment benefits），**その他の長期従業員給付**（other long-term employee benefits）および**解雇給付**（termination benefits）について規定されています。

ここでは，その中で重要とされる退職後給付について取り上げます。退職後給付は，一般には**退職給付**と同じ意味で用いられます。退職後給付には，退職一時金，退職年金のほか，その他の企業負担による医療給付や住宅など金銭以外の支給形態を含みます。ここでも退職給付という言い方で説明していきます。

IAS 19によれば，退職給付とは，雇用の終了後に支払われる給付をいいます。具体的には，**退職一時金，退職年金，その他企業負担による医療給付や住宅などの金銭以外の給付形態**による給付を含みます。

退職給付には，**確定拠出制度**（defined contribution plans）と**確定給付制度**（defined benefit plans）があります。確定拠出制度は，企業の負担が確定しており，その額を基金に拠出することで企業の支払義務が完了する制度です。これに対し，確定給付制度は，企業が負担すべき額が従業員に給付される額として保証されている制度です。

232

Chapter 18 退職給付（IAS 19）

2 確定拠出制度

確定拠出制度においては，企業の**法的債務**または**推定的債務**は，企業が基金に拠出することに同意した金額に限定されます。つまり，従業員が受け取る退職給付の金額は，企業（または場合によっては従業員）が制度または保険会社に支払った掛け金額とその掛け金から発生する投資収益とによって決定されるので，数理計算上のリスクおよび投資リスクは実質的に従業員の負担となります（IAS 19.28）。

3 確定給付制度

この制度の下では，企業は従業員に対して長期的な義務を負うことになります。給付水準，退職率，死亡率，制度資産の投資収益等により，企業の負うべき債務や費用は影響を受けます。

確定給付制度には，基金を有しない**非拠出型**，拠出の全部または一部が外部に基金として積み立てられる**拠出型**があります。

拠出型の場合，将来の給付は外部に積み立てられた資産から支払われますが，非拠出型の場合には，企業の保有資産から支払われます。

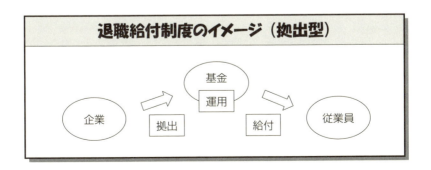

4 確定給付制度の会計処理

　確定給付制度は，積立をしない場合もありますし，報告企業とは法的に別個の事業体（または基金）への企業（または従業員）による拠出によって，一部または全部が積み立てられる場合があります。よって，企業は実質的に制度に関連する数理計算上のリスクと投資のリスクを引き受けており，確定給付制度に関して認識する費用は，必ずしも当期に支払期日が到来している掛け金ではありません（IAS 19.56）。

　企業は，確定給付制度に関し，それぞれ**確定給付負債（資産）の純額**および**確定給付費用**を認識・測定します（IAS 19.57.63.120）。

　確定給付制度の会計処理では，数理計算上の仮定を用いて債務や費用の測定をします。多くの場合，当該債務は，従業員の提供から決済まで長期に及ぶので当該債務は，**割引現在価値で測定**されることになります（IAS 19.55）。

(a)　**積立不足または積立超過の算定**には，数理計算上の技法である**予測単位積増方式**を用います。確定給付債務（defined benefit obligation）の現在価値と制度資産（plan assets）の公正価値を差額として，積立不足額または積立超過額を算定します。

(b)　**確定給付負債（資産）の純額の算定**として，積立不足の場合には，その金額を確定給付負債の純額として認識する。積立超過の場合には，**アセット・シーリング**の影響を考慮して確定給付資産の純額を認識します（IAS 19.64.65）。

234

Chapter 18 退職給付（IAS 19）

(c) **当期純利益で認識する確定給付費用の算定**は，報告期間における
期首と末日における確定給付負債（資産）の差額が，確定給付費用
となります。

この差額には，①勤務費用，②純利息費用（収益）の純額，確定
給付負債（資産）の純額の再測定が含まれますが，ここでは，①と
②を当期純利益として認識します。

(d) **その他の包括利益で認識する確定給付費用の算定**は，(c)のうち③
をその他の包括利益で認識します。

▷**予測単位積増方式**

各期の勤務を追加的な1単位に対する権利とみなして，各単位を別個
に測定し，この各単位の債務額を積み上げて合計の債務額を測定する方
法です（IAS 19.68）。

▷**アセット・シーリング（資産の上限）**

制度からの資産の返還または制度への将来の減額によって企業が利用
可能な経済的便益の現在価値です。

5 過去勤務費用および清算損益

過去勤務費用とは，退職給付**制度の改訂**または**縮小**により生じた確定
給付制度の現在価値の変動をいいます（IAS 19.102）。

企業は，次のいずれか早い方の日に過去勤務費用を費用として認識し
なければなりません（IAS 19.103）。
(a) 制度改訂または縮小が発生した日
(b) 関連するリストラクチャリングのコストまたは解雇給付を企業が

235

認識する時

　過去勤務費用について注意すべきなのは，過去勤務費用は，費用にも収益にもなり得る点です（IAS 19.106）。例えば，負の値をとるのは，確定給付債務の現在価値を減少させるように給付が廃止または変更された場合には**負の値，つまり収益**となります。

▷制度の改訂
　制度の改訂とは，企業が確定給付制度の導入もしくは廃止，または既存の制度で支払うべき給付を変更する場合に発生します（IAS 19.104）。

▷制度の縮小
　制度の縮小は，企業が制度の対象となる従業員数を大幅に削減する場合（工場の閉鎖，事業の廃止，制度の終了もしくは停止等）に発生します。

▷清 算 損 益
　清算損益とは，清算される確定給付（制度）債務の現在価値（清算日現在で作成）と清算価格（移転される制度資産および清算に関連して企業が直接行うすべての支払を含む）との差額をいいます（IAS 19.109）。
　企業は，確定給付制度の清算損益を清算の発生時に認識しなければなりません（IAS 19.110）。

　ちなみに清算とは，確定給付のものと支給される一部または全部につき，追加的な法的債務または推定的債務のすべてを解消する取引ですが，従業員などに支払われる給付の中で数理計算上の仮定に属するものは除かれます。つまり，精算は，縮小同様，通常の数理計算上の対象範囲でない制度の規約にない給付の支払のことをいいます。

Chapter 18　退職給付（IAS 19）

6　保険数理上の仮定

　退職給付債務の計算には，退職率，死亡率，昇給率等，さまざまな保険数理上の仮定（actuarial assumption）が伴います。保険数理上の仮定は，偏りがなく，かつ互いに矛盾しない者でなければならず，退職給付を支給する最終的なコストを算定する変数についての企業の最善の見積りであるとされています（IAS 19.75.76）。

　従来，保険数理計算上の差異の処理としてIAS 19では，**回廊モデル**，**期間償却モデル**，**一括償却モデル**の3つの方法が認められていましたが，改訂IAS 19では，財政状態計算書上の負債もしくは資産の金額が，確定給付制度の積立状態を反映していないという批判から，確定給付債務と制度資産の価値のいかなる変動も**変動が発生した期に即時償却**する方法に変更されました。

7　財務諸表上の開示イメージ

　未認識項目であった数理計算上の差異や過去勤務債務は，発生時に即時認識されます。また，確定給付負債（資産）の純額に割引率を乗じて**利息費用**を算出します。その他の包括利益で認識した数理計算上の差異は，**リサイクリング**しないとしています（IAS 19.122）。

237

財政状態計算書のイメージ	
制度資産の公正価値	確定給付債務の現在価値
純確定給付負債	

純損益およびその他の包括利益計算書のイメージ	
勤務費用※	純損益
純利息費用（収益）の 純額	
期末再評価による 数理計算上の差異	その他の包括利益

※　過去勤務費用を含む

8　改訂IAS 19における改善のポイント

　1998年改訂IAS 19で問題とされていた3点について2011年改訂 IAS 19では，改善がなされています。

　1つ目は，財政状態計算書上の負債もしくは資産の金額が制度の積立 状態を反映していないという点です。これについては，**遅延認識を排除** **する**形がとられました。つまり，数理計算上の差異を含む再測定をその 他の包括利益として認識することと，過去勤務費用を発生時に認識する といった形です。

238

Chapter 18　退職給付（IAS 19）

　2つ目は，会計処理や表示方法にいくつもの選択肢が認められているために財務諸表の企業間比較が難しい点です。これについては，**会計処理・表示方法の選択肢を狭める**ことにしました。

　3つ目は，開示情報と主要財務諸表との関連性の不明瞭さによる確定給付採用企業のリスクに関する情報が不十分といった点です。これについては，**開示の改善と拡充**といった対応を行っています。

9　日本基準との比較

　改訂IAS 19が2011年3月から導入されたこともあり，日本の基準も2012年5月に「退職給付会計に関する会計基準」を公表しました。
　国際会計基準とわが国の会計基準の主な相違点について見てみます。

(1)　期待運用収益（利益純額）の算定方法

　IAS 19では，客観的な方法での算定が困難として退職給付債務の割引率と同じものを用いて制度資産に係る利息収益を算定するとしていますが，日本基準では，割引率および長期期待運用収益率が適用されます。

(2)　数理計算上の差異の認識方法

　IAS 19では，その他の包括利益で即時認識して，その後の期間において純損益に振り替えてはならないとしていますが，日本基準では，原則として平均残存期間以内の一定の年数で按分した額を毎期費用処理するとされています。また，当期発生額のうち費用処理されない部分は，その他の包括利益で認識し，その後の期間において純損益に振り替えるとされています。

239

⑶ 確定給付費用の表示方法

　IAS 19では，各項目の特性により，勤務費用，確定給付負債（資産）の純額に係る利息純額，および確定給付負債（資産）の純額の再測定に分類して表示するとしています。日本基準では，すべての項目を加減して退職給付費用として純損益で表示するとされています。

⑷ 退職給付資産の資産計上

　IAS 19では，積立超過の場合，資産上限額を考慮して確定給付資産を認識するとしていますが，日本基準では，限度の設定はありません。

CHAPTER 19

国庫補助金（政府補助金）
（IAS 20）

1 国庫補助金の定義

2 政府援助の定義

3 国庫補助金の認識

4 補助金の種類と取扱い

5 非貨幣性資産による国庫補助金

6 国庫補助金の表示

7 国庫補助金の返還

8 国庫補助金の開示項目

政府からの援助は，**国庫補助金**（government grants）と**政府援助**（government assistance）に分類されます。政府援助は，**国庫補助金（政府補助金）**であるかまたは**その他の政府援助**であるかによって，その取扱いが異なります。

IAS 20における政府援助の取扱い		
政府援助の範囲	適用範囲	
	会計処理	開示
国庫補助金	○	○
その他の政府援助	－	○

1 国庫補助金の定義

国庫補助金は，**政府**（国内外を問わず，政府や政府機関および類似する機関を含みます）による援助で，企業活動に関する一定の条件を過去にすでに満たすか，将来こうした条件を満たすことへの見返りとして，企業に資源を移転する形態をとったものをいいます。ただし，合理的価値を定められない援助や政府との取引で企業の通常の取引と区別できないものは除きます。

2 政府援助の定義

政府援助とは，一定の条件を満たした企業に対して**経済的便益**を与えることを目的とした国，地方などの政府機関の活動をいいます。ただし，全般的な取引の状況に影響を与える行為によって間接的に経済的便益を与えるに過ぎないようなものは含まれません。

242

Chapter 19　国庫補助金（政府補助金）（IAS 20）

3　国庫補助金の認識

　国庫補助金は，①企業が補助金交付の付帯条件を満たすこと，②補助金を受け取ることが可能であることの**合理的保証**（reasonable assurance）が得られるまで認識してはいけません。

　国庫補助金は，これによって補償される関連コストが認識される期間にわたって，規則的に**包括利益計算書**（損益計算書）において認識します（IAS 20. 12）。

　これは，国庫補助金とそれが関連するコストを同じ期間で認識しようとするためです。ただし，対応させるべき関連コストが存在しない場合には，受領ベースでの計上となります（IAS 20. 16）。

4　補助金の種類と取扱い

　国庫補助金には，**資産に関する補助金**（grants related to assets）とそれ以外の補助金として**収益に関する補助金**（grants related to income）があります。

　資産に関する補助金とは，補助金を受ける資格を有する企業が固定資産を購入して建設し，またはその他の方法で取得しなければならないことを主たる条件とする国庫補助金をいいます。また，資産の種類や設置場所，資産の取得時期や保有期間を制限するような補足的な条件がつく場合もあります。

　収益に関する補助金とは，資産に関する補助金以外の補助金をいいます。

243

国庫補助金は，種類に応じて以下のような取扱いをします。

(1) 収益に関する補助金（IAS 20.17）

特定の費用の見返りとしての補助金は，関連コストが認識された期間に収益として認識されます。

(2) 償却資産に関する補助金（IAS 20.17）

償却資産を対象とする補助金は，その資産の減価償却費が計上される期間にわたって償却割合に応じ，収益として計上します。

(3) 非償却資産に関する補助金（IAS 20.18）

非償却資産を対象とする補助金は，一定の義務を果たすための費用を負担する期間にわたって補助金を償却し，収益を計上します。

(4) 特定の将来コストに関連しない補助金，または財政的支援を目的とした補助金（IAS 20.20）

将来の関連コストを伴わず，すでに発生した費用もしくは損失に対する補償とした補助金や企業に対して緊急な財政的支援を与える目的とした補助金は，債権として認識される期に収益として認識されます。

5 非貨幣性資産による国庫補助金

国庫補助金は，企業が使用する土地その他の資源等の非貨幣性資産の形で交付される場合には，この非貨幣性資産を公正価値で評価して補助金と資産の双方を公正価値で処理するのが通常ですが，資産と補助金の双方を名目価値（nominal amount）で計上することもあります（IAS 20.20）。

Chapter 19　国庫補助金（政府補助金）（IAS 20）

6　国庫補助金の表示

▷資産に関する政府補助金の表示

　資産に関する政府補助金（公正価値による非貨幣性資産を含む）は，以下の2つの方法のいずれかによって表示しなければなりません。

（1）繰延収益法

　補助金を繰延収益として当初認識し，その後資産の耐用年数にわたって規則的に配分し包括利益計算書上に当期損益として計上します。

（2）資産控除法

　資産の取得原価から補助金を控除し，資産の帳簿価額を決定します。補助金は資産の減価償却費が減少する形で償却資産の耐用年数にわたって当期の損益として認識します。

▷収益に関する補助金の表示

　収益に関する補助金は，「その他収益」等の一般的な科目名で包括利益計算書の貸方科目として，あるいは関連する費用から控除して表示します。

7　国庫補助金の返還

　一定の条件（交付条件）を満たさなくなった際，場合によっては，政府補助金の返還義務が生じます（IAS 20.32）。返還する政府補助金は，IAS 8に準拠して，会計上の見積りの修正として会計処理します。

245

8 国庫補助金の開示項目

　国庫補助金においては，①国庫補助金について財務諸表における表示方法などに関して採用された会計方針，②財務諸表で認識した国庫補助金の性質と範囲，および他の形態の政府援助で企業が直接便益を受けたものの表示，③認識した政府援助に付随する未履行の条件およびその他の偶発事象（IAS 20.39）といった開示が求められています。

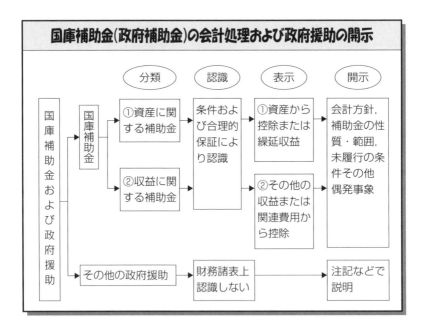

CHAPTER 20

株式報酬（IFRS 2）

1 インセンティブ設計と株式報酬取引

2 IFRS 2における株式報酬取引の範囲

3 持分決済型株式報酬取引の会計処理

1 インセンティブ設計と株式報酬取引

本章では，国際会計基準における**株式報酬**（Share-based Payment）の会計について，その概要を確認しましょう。IFRS 2は，企業における株式報酬取引の問題を取り扱っていますが，この問題と大きく関連しているのが，**ストック・オプション**という仕組みです。要するにここでは，このストック・オプションを会計上どのように捉えるかが重要になります。なお，ストック・オプションについては，すでに『わしづかみシリーズ　新会計基準を学ぶ　第2巻』第4章に詳しい説明がありますので，ここでは，その概要を簡単に説明することにします。

ストック・オプションとは，企業が役員や従業員などに対して付与する，**自社の株式を予め定められた価格で，特定の期間内に取得することができる権利**のことをいいます。このような権利が役員等に付与されることで，役員や従業員が「**株主化**」し，株主価値最大化のための行動をとるように動機付けられます。このようなインセンティブ設計のために，ストック・オプションという仕組みがあるのです。この権利が付与されることで，会社の役員や従業員は，自社株の時価が上昇した場合に権利行使を行い，自社株を売却することで**キャピタル・ゲイン**（保有有価証券の売却益）を得ることができます。

2 IFRS 2における株式報酬取引の範囲

企業が，このような権利を役員や従業員等に付与した場合，どのような会計処理が必要となるでしょうか。

まずIFRS 2では，前述のストック・オプションのような「**持分決済型**」の株式報酬取引のほか，「**現金決済型**」の株式報酬取引と呼ばれる形態も射程に入れ，両者を区別した上で，議論を行っています。ここで，

Chapter 20 株式報酬 (IFRS 2)

現金決済型の株式報酬取引とは，株価相当の現金を支給するような場合をいいます。そして，IFRS 2は，(a)持分決済型取引，(b)現金決済型取引，および(c)(a)ないし(b)のどちらかが選択できる取引，という 3 つを基準で取り扱っています。

IFRS 2における株式報酬取引

(a) 持分決済型取引：ストック・オプションなど

(b) 現金決済型取引：株価相当の現金支給など

(c) 両者の選択取引

　この点は**日本基準**（『企業会計基準第 8 号　ストック・オプション等に関する会計基準』）と大きく異なります。日本基準では，株式報酬取引として，ストック・オプションに代表される比較的単純な(a)持分決済型取引のみを規定しており，(b)や(c)は会計基準の中では明示的に取り扱っていません。これは，株式報酬として，現金決済型の取引が実務であまり利用されていないことが大きく影響しているものと思われます。上記を踏まえて，ここでは(a)持分決済型株式報酬取引の会計処理についてのみ，その概要を捉えることにしましょう。

3　持分決済型株式報酬取引の会計処理

　まず**認識**について考えてみましょう。つまり，「いつ」財務諸表上に株式報酬取引を**オンバランス**するかという論点ですが，IFRS 2では，企業が株式報酬取引で財貨を獲得した日または相手方がサービスを提供した段階，具体的には，役員や従業員へのストック・オプションでは，**権利付与時**に取引を認識することになります。すなわち，企業がストック・オプションなどの権利を役員や従業員などに付与したときにはじめ

249

て，会計上，この取引を表舞台に登場させることになります。この点は
大枠では日本基準と同じです。

　では一体どのようにオンバランスさせるのでしょうか。IFRS 2では，
これを**費用**と**資本**の両建計上によりオンバランスさせます。すなわち，
まず一方，従業員等へのストック・オプションでは，従業員等の労働
サービスを受領することになりますので，企業はこれを費用として計上
することになるのです。また他方，ストック・オプションが行使されれ
ば，それは資本の増加につながりますので，この時点で資本として認識
することとなるのです。

　なお，特に**貸方をどのように考えるか**という点については，日本基準
と大きく異なります。日本基準では，ストック・オプションが付与され
た時の貸方は，**「新株予約権」という純資産の部の独立項目**となります。
つまり，すぐさま資本の増加として認識されるのではなく，いったん別
科目で処理された後，実際に権利行使がなされた後にはじめて資本項目
として認識されるのです。

　ではなぜ，そのような差異が生じるのでしょうか。これは，**権利失効
時の会計処理**の違いに起因します。すなわち，IFRS 2の下では，権利
付与の後に失効してしまった場合でも，特に戻入れの処理を行うことは
ありません。ですので，権利付与日から資本として認識するのです。他
方，日本基準の下では，その場合，戻入れを行いその分について利益を
計上することになります。よって，権利行使の有無が確定するまでの間
は，資本とはせず，他の項目として別建て処理を行うのです。

　次に，**測定**について考えてみましょう。IFRS 2においては，株式報酬
取引による費用と資本の増加を，受け取った財貨またはサービスの**公正**

250

Chapter 20　株式報酬（IFRS 2）

価値で直接に測定するものとしています。ただし，受け取った財貨または サービスの公正価値を，信頼性をもって見積れない場合には，企業は，付与した**持分金融商品**の公正価値を参照して間接的に財貨またはサービスの公正価値を測定することになります。特に，従業員等との取引については，通常，受け取った従業員サービスの公正価値を信頼性をもって見積ることは可能でないため，企業は，付与した持分金融商品の公正価値を用いて測定することとなるのです。

　この点に関して，日本基準においては，従業員等との取引に関する取扱いは同じですが，それ以外の場合の取扱いが若干異なります。すなわち，IFRS 2では，上述の通り，受け取った財貨またはサービスの公正価値で直接に測定しますが，他方，日本基準では，受け取った財貨またはサービスの公正価値と付与した持分金融商品の公正価値とを比較して，いずれかより**信頼性が高い方**を用いて測定します。つまり，日本基準の下では，測定の信頼性をより重視していることが理解できます。

　また，持分金融商品の公正価値測定は，**市場価格**が利用可能であればそれを基礎としてそれらに付与条件等を加味して，またそうでない場合は**評価技法**を用いて行います。

251

CHAPTER 21

法人所得税（IAS 12）

1 法人所得税の種類
2 繰延税金負債の認識
3 繰延税金資産の認識
4 損益に認識される項目
5 表　　示

法人所得税（income taxes）に関する会計処理および開示については
IAS 12に規定されています。法人所得税とは，**課税所得を基準に課され
る国内外のすべての税金**をいいます。

1　法人所得税の種類

　法人所得税の税金費用は，**当期税金**（current tax）と**繰延税金**（deferred
tax）からなります。

　当期税金とは，課税所得について**当期に納付すべき税額**です。
　繰延税金とは，**当期税金に対する調整**として計上される税額です。

　会計上の資産・負債と税務上の資産・負債との間に生じた**一時差異**を
把握してその差異が納税額に及ぼす影響（**税効果**）を測定し，法人所得
税の適正な期間配分を要求しています。IAS 12が規定するこうした会計
処理を**税効果会計**といいます。

　IAS 12は，税金に関する費用と資産について規定されていて，**繰延税
金**については，いわゆる**資産，負債アプローチ**が採用されています。な
お，回収される可能性が低い場合には，繰延税金資産は計上されません。

2　繰延税金負債の認識

　将来加算一時差異の発生は，その差異が解消する将来期間の納税額を
増加させる効果をもたらします。言い換えれば，**税の先送り**を意味しま
す。IAS 12では，将来加算一時差異（taxable temporary difference）に税
率を掛けて計算された**繰延税金負債**（deferred tax liabilities）を将来の税
金の増加分として計上します。

254

Chapter 21　法人所得税（IAS 12）

3　繰延税金資産の認識

　将来減算一時差異の発生は，それが解消する将来の期間の納税額を減額させる効果をもたらします。これは，**当期前払いした税金が将来返還される**という考えでIAS 12では，この事実を反映させるために将来減算一時差異に税率をかけて算定した額を将来の税金の減少分として**繰延税金資産**を計上します。

▷回収可能性の判断

　将来，その使用対象となる課税所得が稼得される可能性が高い範囲内（probable）で，繰延税金資産を認識し，回収可能性は随時検討しなければなりません（IAS 12.24.34）。

　日本では，回収可能性の判断基準として日本公認会計士協会監査委員会報告第66号「繰延税金資産の回収可能性に関する監査上の取り扱い」といった指針がありますが，IAS 12では，計上するためのアプローチは記載されていません。しかし，**繰越欠損金または使用対象となる課税所得が得られる可能性が高くない場合には，繰延税金資産の計上を禁止しています**（IAS 12.34）。

　その場合の要件として，①課税所得をもたらすのに十分な将来加算一時差異があるかどうか，②課税所得を稼得する可能性が高いかどうか，③税務上の繰越欠損金は再発しそうもない特定の原因によって発生したものであるかどうか，④課税所得を発生させるべきタックス・プランニングの実行が可能であるかどうか，という点を検討します。

255

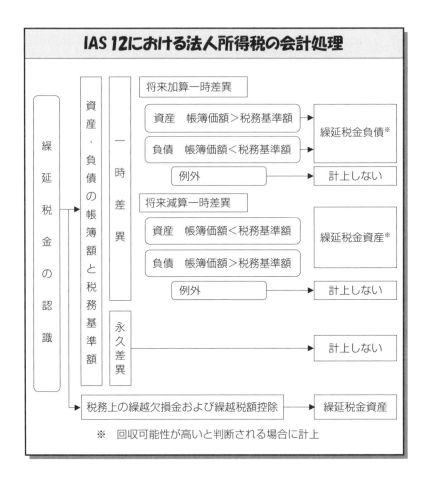

4 損益に認識される項目

　繰延税金は，以下のいずれかの場合を除いて，収益または費用として認識し，**当期の損益**に含めなければなりません（IAS 12.58）。

Chapter 21　法人所得税（IAS 12）

> - その税金がその他包括利益，または，直接資本の部に認識される取引または事象から生じる場合
> - その税金が企業結合から生じる場合

　その他，包括利益または資本の部（純資産の部）に直接貸方計上または借方計上される項目に関わる税金である場合，前期以前または当期に発生したかにかかわらず，**当期税金も繰延税金も，その他包括利益または直接資本の部に貸方計上ないし，借方計上**しなければなりません。

5 表　示

▷**財政状態計算書における繰延税金資産・負債の分類**

　繰延税金資産または繰延税金負債を流動資産・流動負債として分類してはいけません（**非流動項目**）（IAS 1.56）。

▷**包括利益計算書における表示**

　経常的活動からの損益に関する当期税金と繰延税金は，税金費用として一括して包括利益計算書本体に記載します。ただし，注記でそれぞれの金額を開示します（IAS 12.77）。

▷**繰延税金資産・負債の相殺**

　同じ納税企業体だけでなく，非常に稀なケースに限られますが，一定の要件を満たす場合，異なる納税主体間の繰延税金資産と負債を相殺します（IAS 12.74，76）。

　IFRSでは全額が非流動項目に分類されるため，日本基準のような流

257

動・固定ごとの相殺範囲の制約がない点が異なります。

内部取引の未実現利益の消去は，買手の税率を使うので，売手の税率を使う日本やアメリカの取扱いとは異なっています。

☆「わしづかみシリーズ」企画・監修 ☆

神奈川大学名誉教授　田中　弘

「会計」は，街角のパン屋さんでも，駅前のレストランでも使う技法ですから，本来は，「誰にでもわかる」，「誰でも使える」技術のはずです。

それが，最近では，企業の経済活動が複雑になり，それに合わせて会計も会計データの分析も複雑でわかりにくいものになってきました。

このシリーズでは，「簡単なはずの会計」を「簡単にわかってもらう」ことを目的に，現代の会計を「ざっくりと，わしづかみ」できるように工夫しています。

最近の国際的な会計基準の統一の動きは，各国の利害や財務諸表利用者の目的が対立して，理解しにくい面があります。

本書では，IFRS（イファース）という世界的な会計基準の性格や日本の会計基準との違いなどを明らかにして，読者の皆様が世界の会計を，「ざっくりと，わしづかみ」できるように工夫しています。

本書が読者の皆様にとって，IFRSの良きガイドとなることを祈念しています。

259

著者のプロフィール

田中　　弘（たなか　ひろし）（CHAPTER 1）

神奈川大学名誉教授・博士（商学）（早稲田大学）

早稲田大学商学部卒業後，同大学院博士課程修了。

現在，一般財団法人経営戦略研究財団理事長，辻・本郷税理士法人顧問，一般社団法人中小企業経営経理研究所所長・理事長，ホッカホールディングス㈱社外取締役。

主な著書に『「書斎の会計学」は通用するか』『会計学はどこで道を間違えたのか』『複眼思考の会計学－国際会計基準は誰のものか－』『新財務諸表論（第5版）』『会計学の座標軸』『簿記を学ぶ』『最初に読む会計学入門』『経営分析－監査役のための「わが社の健康診断」』（以上，税務経理協会）など。

「遊んだ分だけ仕事をする」がモットー。趣味は，スキー，テニス，ゴルフ。

藤田　　晶子（ふじた　あきこ）（CHAPTER 4, 5）

明治学院大学教授・博士（経営学）（明治学院大学）

神戸商科大学大学院博士課程修了。

主な著書に『無形資産会計のフレームワーク』（単著，中央経済社），『世界の会計学者－17人の学説入門』（訳，中央経済社），『今日から使える経営分析の技法』『基礎からわかる経営分析の技法』（以上，税務経理協会，いずれも共著），『連結会計入門』（中央経済社）（共著）など。

「明日には明日の風がふく」がモットー。趣味は，流動食とその後の惰眠。

戸田　　龍介（とだ　りゅうすけ）（CHAPTER 6, 7, 10, 13）

神奈川大学教授

九州大学大学院博士課程修了。

主な共編著書・論文に『農業発展に向けた簿記の役割－農業者のモデル別分析と提言－』（中央経済社，編著，平成26年度日本簿記学会・学会賞受賞），『通説で学ぶ財務諸表論』『わしづかみ　新会計基準を学ぶ〔第2巻〕〔第4巻〕』（いずれも税務経理協会，共著），『明解　簿記・会計テキスト』（白桃書房，共著），「利益の信頼性と複式簿記」（『日本簿記学会年報』第25号・第25回全国大会統一論題報告），「ドイツにおける会計戦略（2005）－共同体，国家，企業の各レベルにおいて－」（『商経論叢』第43巻第1号）など。

「何でもやるなら前のめりに」がモットー。趣味は飲み食べ歩き，映画鑑賞。

向　伊知郎（むかい　いちろう）（CHAPTER 2, 11, 15～17）

　愛知学院大学教授・博士（経営学）（南山大学）

　南山大学大学院博士課程修了。

　主な著書に、『わしづかみ　会計学を学ぶ』『IFRS／IAS徹底解説』『財務情報の信頼性』『カナダ会計制度研究』『財務会計論～国際的視点から～』『プラン・コンタブルの国際比較』『財務報告制度の国際比較と分析』『現金収支情報の開示制度』（以上，税務経理協会），『連結財務諸表の比較可能性～会計基準の国際的統一に向けて～』（中央経済社）他。

　また，主な論文に，「日本の会計基準の国際化と会計情報の質」『経営管理研究所紀要』，「国際財務報告基準（IFRS）第3号「企業結合」会計基準の特徴と課題」『国際会計研究学会年報』（2008年度版）など。

　「完全燃焼」がモットー。趣味は，スキー。

篠原　　淳（しのはら　あつし）（CHAPTER 12, 14, 18, 19, 21）

熊本学園大学教授

早稲田大学大学院博士課程満期退学。

主な著書に『会計学の基礎』『簿記原理』『国際財務会計論』（以上，税務経理協会），『国際会計基準精説』（白桃書房），『現代簿記要論』（中央経済社），『経営管理の新潮流』（学文社）（いずれも共著）。その他論文に「企業の社会的責任と環境会計」「企業年金情報の開示と受給権保護」「研究開発費等に係る会計基準」「ソフトウェアの会計処理と課税上の問題点」「株主価値重視の経営と退職給付」など。その他，観光情報システムについての研究もあり。

　「なんとかなる」がモットー。趣味はスキー，映画鑑賞，そして介護・看護と子育て。

田口　聡志（たぐち　さとし）（CHAPTER 3, 8, 9, 20）

　同志社大学教授・博士（商学）（慶應義塾大学），（株）スペース社外監査役，（株）GTM総研取締役。

　慶應義塾大学大学院後期博士課程修了。

　主な著書に『実験制度会計論』（中央経済社，単著。第58回日経・経済図書文化賞受賞），『心理会計学』（中央経済社，監訳），『デリバティブ会計の論理』（税務経理協会，単著）『複式簿記入門』『わしづかみ　会計学を学ぶ』（以上，税務経理協会，いずれも共著）など。

　「どんな時でもプラス思考」がモットー。趣味は，乗馬，小説を書くこと。

　最近は，「世の中の決まりごとや仕組みは一体どのように決まるのか？」という点に問題意識を持ち，会計だけでなく広い視野から研究を進めている。

著者との契約により検印省略

平成23年4月20日　初　版第1刷発行	わしづかみシリーズ
平成28年4月20日　第2版第1刷発行	国際会計基準を学ぶ
	〔第2版〕

著　　者

田　　中　　　　　弘
藤　田　晶　子
戸　田　龍　介
向　　伊　知　郎
篠　原　　　淳
田　口　聡　志

発 行 者　大　坪　嘉　春
印 刷 所　税 経 印 刷 株 式 会 社
製 本 所　牧 製 本 印 刷 株 式 会 社

発 行 所　〒161-0033　東京都新宿区
　　　　　下落合2丁目5番13号
　　　　　振　替　00190-2-187408
　　　　　ＦＡＸ　(03)3565-3391
　　　　　URL　http://www.zeikei.co.jp/
　　　　　乱丁・落丁の場合は，お取替えいたします。

株式会社　税務経理協会

電話　(03)3953-3301（編集部）
　　　(03)3953-3325（営業部）

© 　田中　　弘・藤田晶子・戸田龍介・向伊知郎・篠原　　淳・田口聡志　2016
Printed in Japan

本書の無断複写は著作権法上での例外を除き禁じられています。複写される
場合は，そのつど事前に，(社)出版者著作権管理機構（電話 03-3513-6969，
FAX 03-3513-6979，e-mail：info@jcopy.or.jp）の許諾を得てください。

JCOPY ＜(社)出版者著作権管理機構 委託出版物＞

ISBN978-4-419-06239-2　C3034